U0939779

反直觉

为什么我们总是容易情绪化决策

[英] 理查德 · 肖顿 / 著　谷小书 / 译

北京联合出版公司
Beijing United Publishing Co.,Ltd.

图书在版编目（CIP）数据

反直觉 / (英) 理查德·肖顿著 ; 谷小书译. -- 北京 : 北京联合出版公司, 2019.10（2020.1重印）

ISBN 978-7-5596-3673-7

Ⅰ. ①反… Ⅱ. ①理… ②谷… Ⅲ. ①决策学 – 通俗读物 Ⅳ. ①C934-49

中国版本图书馆CIP数据核字（2019）第199176号

著作权合同登记号：01-2019-5861

Originally published in the UK by Harriman House Ltd in 2018, www.harriman-house.com.

反直觉

著　　者：[英] 理查德·肖顿

译　　者：谷小书

总 发 行：北京时代华语国际传媒股份有限公司

责任编辑：昝亚会　夏应鹏

封面设计：红杉林

版式设计：胡玉冰

责任校对：吕新月

北京联合出版公司出版

（北京市西城区德外大街83号楼9层 100088）

三河市宏图印务有限公司印刷　　新华书店经销

字数110千字　880毫米×1230毫米　1/32　8印张

2019年10月第1版　2020年1月第3次印刷

ISBN 978-7-5596-3673-7

定价：49.80元

目录

CONTENTS

序　言

行为科学是一门研究决策的学问，它可以对人们购买特定产品背后的原因给出经得起推敲的解释。

做决策是人们日常生活与工作必不可少的一部分，有时决策的数量会大到让人不堪重负。有限的时间精力意味着，人们不可能对所要做的每个决定都煞费苦心地加以合理权衡。相反，他们会靠“走捷径”的方式，以便更快地做出决策。尽管这些“捷径”的确可以加快决策进程，但它们却容易受到形形色色的偏差的支配。这些偏差便是本书所要探究的主题。

只要商家对这些偏差了然于心，并据此来调整产品和沟通内容，那么便可以有效利用它们，进而产生对你有利的结果。与其徒劳无益地向人类本性发起挑战，不如正视其存在并使它为你所用。

相当数量的成功品牌——包括“苹果”和“大众”——都在运用行为科学，但这些公司只占少数。也正因为如此，你完全有机会抢在你的竞争对手之前，掌握利用行为科学这个“利器”，为自己争得优势。

已经被行为科学确认的偏差五花八门、林林总总且数量还在不断增长。种类的宽泛性意味着，无论你遇到怎样刁钻的问题，总会有一种与之关联的偏差可使问题迎刃而解。

本书并未将行为科学发现的所有偏差一一囊括。我主要着墨于最关键的 25 个人类行为常见的偏差，它们都是经过精挑细选后才确定的。你在开展商业活动时，可以方便地运用书中列举的所有偏差，以起到如虎添翼之效。

本书的组织结构

本书分为二十五个章节，每一章都围绕一种特定的偏差展开。你可以按顺序阅读各个章节，但如果你更喜欢“浅尝辄止”，那也可以跳过一些章节，而直接阅读那些你认为最重要的章节。

从书的开头到结尾，我将一个人一天的生活轨迹作为线索，分析他们所做的决策。每章都会以一小段文字开头，以便对单个决策逐一做详细介绍。这些决定有大有小，也有主次之分，小到如在酒吧里点什么啤酒，大到比如面试中决定要聘用谁。这个一天中我们不断追踪观察的对象应该足以引起你的兴趣——那就是你的真实写照。

我会参照一个特定偏差来说明你做出决定背后的原因。我还会从学术和现实角度来诠释支持这一偏差的证据。这种证据要比作为广告决策后盾的很多理论更具说服力，因为它们依据的是全球顶级的学家所做的经过同侪验证过的实验。这些学者当中包括：诺贝尔奖获得者丹尼尔·卡尼曼和赫伯特·西蒙，以及备受尊崇的心理学家，如埃利奥特·阿伦森和莱昂·费斯汀格。

在论证阶段，我会对它们之间的细微差异“抽丝剥茧”。这些差异并不为人所熟知，因此读者会格外感兴趣。如果你能有效运用它们，便可以无往不利，获得较之于竞争对手的优势。

在对现有证据进行追问后，我将介绍我自己在这个领域所做的实验。这些实验的重要性在于，它们弥合了学术界与实践界的鸿沟。我的实验证明了，行为科学在当今具有现实意义，而它既适用于商业情境，也同样适用于非商业情境。

最为重要的是，我将把重点放在知识的用途上——你应该把这些知识用来干什么。这占据了每一章节的大部分。我会告诉你，如何能够将行为科学运用到日常生活和工作方方面面——无论是要传达的信息、你的目标受众，还是触达对方的时机。

如果你对本书涉及的内容领域还有更多的兴趣，那么请参见最后提供的延伸阅读部分。鉴于行为科学是一个不断发展的专业领域，我也会及时更新我发现的有趣研究，你可以在我的个人推特上（@rshotton）找到相关的链接。

导 言

一辆黑色出租车沿牛津街缓慢行驶，闷热不堪的车厢似乎不会是一个让人灵感顿现的地方。话虽如此，但在 2005 年一个酷热难当的夏日，我就是在这样一种环境下读到了那个故事，它彻底颠覆了我对广告的看法。

故事的主人公是凯蒂·吉诺维斯。发生在她身上的持刀杀人案和由此引发的心理学实验使我相信，行为科学可能会给广告带来脱胎换骨的转变。

凯蒂的故事令人难过。1964 年 3 月 13 日凌晨 3 点 20 分，凯蒂把车停在距离她在纽约邱园的寓所仅 100 英尺[①] 的地方，然后准备步行到门口。不幸的是，正当她沿着林荫道行走时，她被连环杀人犯温斯顿·莫斯利盯上了。时年 29 岁的莫斯利是两个孩子的父亲，他

① 1 英尺 =0.3048 米，100 英尺大概有 30.5 米。

一直尾随着凯蒂，当她离家门口仅有几码时，莫斯利用一把刀子猛地插入凯蒂的背部。

单就这一起谋杀案来说，它并不足以震撼到纽约人。毕竟，当年在这座城市，有 636 人沦为谋杀受害者。但接下来几分钟所发生的事情却在纽约市掀起了轩然大波，以至于《纽约时报》专门用整个头版来报道此事。当时报纸是这样报道的：

在半个多小时里，皇后区 38 个品行端正、遵纪守法的市民眼睁睁地看着一个杀人犯在邱园先后三次对一名妇女发动袭击，他跟踪并用刀捅刺了这名妇女。人们的喝止声和住户卧室突然亮起的灯光曾两次打断并吓退歹徒，但每次他又都掉头返回，找到凯蒂并再次用刀捅她。凶手行凶的过程中，没有人打电话报警。最终，还是一位目击者在那个女人死后才报的警。现场目击者所谓的冷漠让这座城市深受震动并为之蒙羞。为什么没有一个人站出来加以阻止呢？

尽管后来文章中的诸多细节饱受质疑，但这篇报道却激起了两位心理学家——比伯·拉塔奈和约翰·达利的兴趣。他们想知道，《纽约时报》的评论员是否颠倒了因果，所以对这个问题做了错误的解读。不能说尽管目击者人数众多，但没有人干预；而应该说之所以没有人干预，是因为当时现场有太多的旁观者。

在随后数年里，学者对他们的假设进行了检验。我会在第 24 种偏差所对应的那一章节中对他们的检验结果做更细致的分析。不过姑且先在这里提一句：他们证明了，恳请援助的范围越大，个体出手干预的可能性就越低。他们给这种责任分散效应起了一个专门的名称——“旁观者效应”，有时亦可称作“吉诺维斯综合征”。

实际应用

我倏然想起，这些研究发现与我要设法解决的一个问题息息相关。当时，我正作为一个媒体策划服务于我的其中一个客户——英国国家医疗服务体系，帮助推广他们的“请献血”宣传活动。他们经常向社会发出呼吁，旨在就全国性的血荒问题发出警告。然而，这些宣传活动并未达成预期的献血量目标。如果那些心理学家的理论成立的话，英国国家医疗服务体系的广泛性的诉求便是因为“旁观者效应”而遭遇了滑铁卢。

也许，发出具体而明确的呼吁效果反而会更好？幸好，负责这个宣传项目的创意机构团队能够广纳建议。这支查理·斯诺领衔的团队同意对因地制宜的数码版文案进行测试。这意味着，把原来的广告语——“英国各地的血库全线告急，请施以援手”做适当调整，改为“巴兹尔登（或布伦特伍德、伯明翰）的血库告急，请施以援手”。

两周后，宣传活动的结果出炉。结论是，每次献血的宣传成本降低了 10%。只是简单地运用了一种已被发现了 40 年的行为偏差，便提升了一个现代广告战役的实际成效。这对于我来说就好比是哥伦布发现了新大陆。

六七年前，我从牛津大学学成毕业。自那时起，我便对象牙塔里的事情漠不关心，因为我想当然地认为，学术研究与讲求精明务实的广告江湖，这二者根本就是风马牛不相及。但是，我大错特错。既然广告着眼于改变消费者的决策，那有什么会比一门探索决策本源的学问更能贴合广告的属性呢？

正如奥美集团副董事长罗里·萨瑟兰所言：在理解人类本性与掌握赚钱要领之间，行为科学无异于一条坚实可靠的理性纽带。正如你不会信任一个不具备生理学知识的医生或者一个对物理学一窍不通的工程师一样，我过去十几年的经验也表明了，同一个对行为科学一无所知的广告主合作共事是极不明智的。我在那段时间有了一些重要发现，其中之一便是本领域所涉及的偏差的多样性。目前尚未有单一的足以支撑行为科学这座“大厦”的宏大理论，但却有现成的一套精挑细选得来的偏差“大荟萃”。

这有两个好处。其一，无论你做的是何种创意简报，都可能要用到一个与此相关的偏差。其二，它避免了“削足适履”的危险，即调整我们的任务，使之适应我们现有的解决方案，而正确的做法刚好相反。

在贴合实际的同时还要稳健可靠

行为科学是解决诸多营销难题的一把钥匙。但比这种实用性更为重要的是研究发现的稳健性与可靠性。这个领域是建立在实验基础上的，而做这些实验的人则是在当时备受尊崇的一些科学家，他们中包括诺贝尔奖获得者丹尼尔·卡尼曼、赫伯特·西蒙和罗伯特·希勒。

这种基于证据的基本原则与根据道听途说或口传心授发展而成的很多营销理论形成了鲜明的对比。南澳大学市场营销学教授拜伦·夏普对于营销工作者依赖未经验证的假设一直都持强烈批评的态度。他将这种情况同中世纪的放血者对于实验法的排斥做了一番比较：

市场营销这门学问还很不成熟，以至于我们总自以为是地认为，我们已经无所不晓，甚至对基本问题的认识都已千真万确。我们不妨用医学实践来做一个类比。过去几个世纪中，医生这个高贵的职业吸引了社会精英阶层中一些最有头脑的人，他们的受教育程度一般都远高于其他专业人士。但 2500 年来，这些专家一直都热衷于推广和普及放血术（一种基本无用且常常致命的“疗法”）。直到距今不远的约 80 年前，医务工作者才开始反其道而行之。如今，输血疗法每天都会拯救无数生命。营销经理人的行事方式有点像中世纪医生，也就是依据个人经验、感觉和非科学的解释（myth-based explanation）来开展工作。

由于行为科学是以实验为基础的，因此你不必单纯地相信研究结果。用于测试每一种偏差的方法都可通过公开渠道获得，你可以照着这些方法重复做几遍，以确认它们能否为你的品牌“效劳”。过去十二年我一直都在对已知的偏差进行测试，目的就是要找到一种最佳方式，使它们成为助力品牌的工具。在这本书中，我将围绕这些测试的结果给大家答疑释惑。

竞争优势

尽管行为科学具有实用性和稳健性，但如何将相关研究结果应用于市场营销当中却是没有规律可循的。想一想安慰剂效应。这个发现表明，假如患者期待某种药物能发挥作用，那么很有可能这种药就会起作用，即便它根本不含任何有效成分。安慰剂最有趣的一个方面在于，一些微小琐碎、看似次要的细节，如药丸的价格、大小、味道甚至颜色，可以显著提升药物的效应值。

安东·德·克雷恩是阿姆斯特丹大学的临床流行病学专家，他在对 12 项研究做了一个系统性的评估后发现，红色镇痛药通常要比蓝色镇痛药更加有效。这种现象可以归因为两种颜色分别具有的文化寓意——红色暗示实力和力量，而蓝色则让人脑海中产生蓝天碧海的宁静画面。对于镇痛药来说，力量比平静更重要。

镇痛药市场是一个蕴含巨大价值的市场。根据欧睿国际的数据，2016年英国市场镇痛药的消费额达到六亿一千四百万英镑。尽管如此，相当一部分镇痛药却未能充分利用安慰剂效应。我曾不止一次地去博姿（Boots）连锁药店买止痛药，但我购买的7包药中只有一包装的是红色药片。原本一个小小的设计窍门便可以起到提升品牌表现的效果，但为什么还有如此多的品牌商无视这种机会?

行为科学的研究结果有时之所以被忽视，部分原因在于广告主在了解消费者的购买动机时往往采取直接询问的方式。表面看起来，这种方法非常符合逻辑。然而，它必须基于一个前提，即消费者总是言行一致的。但不幸的是，本书从头至尾都在向我们指明，实际情况并非如此。正如纽约大学心理学家乔纳森·海特指出的，意识会指挥大脑让人把总统的“喉舌”当作是总统本人的声音。

很少有消费者承认，当遇到陌生人求助时，如果其他人同时也被要求帮忙，那么自己就不大可能会出手相助。同样他们也不会认同，服用一种颜色不同的药丸可以让头痛症更快地消失。但只要观察一下消费者实际的行为表现便不难发现，细微差异的确会对我们产生影响。

尽管业界对于行为科学的忽视令人沮丧，但这对于你来说不啻一个福音。也就是说，如果你能有效运用这些研究结果，就可以获得竞争优势。言归正传，现在就让我们从一些教训中学习并汲取智慧。

偏差一 ——情境的力量

为什么对于品牌而言，目标情境和目标受众都同样不可或缺

你“砰”的一声关上房门，拖着沉重的步子走向你的车子。由于缺少路外停车场，你不得不把车停在一百码[①]开外的地方。在到达你的车位之前，你要先穿过一个门洞，那里面瘫坐着一个乞丐。

一股通勤者汇集成的人流从乞丐的身边走过，没有人驻足哪怕片刻。你看到一个穿着细条纹西装的男人一边加快脚步一边将他的视线移向别处，大步流星地从那个流浪者的身旁走过。“仁慈的上帝，现在的人真是自私啊。”你心里想。你本想找一些零钞施舍给乞丐，但是把衣服口袋翻了又翻后，只找到了一张五英镑钞票。于是，你也加快了脚步并将视线转移开。

你仅凭臆想便把这个商人看成是一个自私自利之人——这就是

① 码，英美制长度单位，1 码 =3 英尺，合 0.9144 米。

一个典型的情境。在解释他人的行为时，人们往往倾向于高估人格的重要性而低估对方所处情境的重要性。在上面这个例子中，你对那个商人的行为的判断依据是他的个人品性，而并没有考虑转瞬即逝的背景因素，如他当时的心境、是否忙于赶路或是他的精神状态。这种错误可以说司空见惯，而它对于改变我们的思维方式、让沟通有的放矢具有重要的意义。

经典心理学实验

1973 年，普林斯顿大学的两位心理学家约翰·达利和丹尼尔·巴特森发表了一篇具有里程碑意义的论文，其题目为《从耶路撒冷到杰里科》。这篇论文证明了，看似次要的背景因素如何对人的行为产生重要但却未被重视的影响。

他们给 40 位天主教见习牧师发放了调查问卷，让他们各自填写进入修道院的动机。通过调查，这些学员是出于帮助别人还是实现自我救赎的动机便一目了然。

做完这个调查后，心理学家告知这些见习牧师要就一个给定题目录制一段 5 分钟的谈话。由于现有房间空间不够，他们先是给每位学员一张地图，然后让他们前往距这里几分钟路程的一座房子，去见在那里的另一位同事。

就在这些参与者刚要离开之前，有人告诉了他们距离录音开始所剩的时间。其中三分之一的人被告知："噢，你们晚了。他们等你们有几分钟了，大家最好现在就过去。那位助理应该还在等着，所以大家要赶紧了。"可以说，这三分之一的人面对的是一种极度匆忙状态。

另有三分之一的人被置于中度匆忙状态，他们被提醒说："助理已准备好要见你们了，所以请直接过去吧。"剩下最后三分之一被置于低度匆忙状态的人则被告知说："他们还需要几分钟才能准备好见你们，不过你们现在就往那边走也无妨。即使你们要在那边等，也不会太久的。"学员们被任意随机地一一分配到不同的情境中。

在参与者步履不停或一路溜达着朝目的地走去时，他们都会从一个配合心理学家工作的助手身边经过。这位助手故意装成一副落魄潦倒的样子。他瘫坐在走廊中，垂头颔首且双眼紧闭，而每当有学员靠近时他都会发出呻吟和咳嗽声。这次实验的关键点便在于，哪些学生会停住脚步并伸出援手。

情境的力量

从总体来看，参与者中有 40% 的人驻足停留。他们感到的时间压力的大小是决定他们是否停留的主要因素。在极度匆忙状态中，学员的停留人数比例仅为 10%；与此相比，在中度和低度匆忙状态中，学员的停留人数比例分别为 45% 和 63%。

相比之下，人格测量对于实验结果构成的影响却微乎其微。某人选择成为神职人员的原因与他是否愿意驻足停留之间没有多大的关系。也就是说，决定最终行为表现的是客观情境而非人的主观因素。这个研究发现在将近 50 年后还会有应用价值吗？

此后的变化可谓物转星移、日新月异。在 1973 年，一品脱[①]啤酒仅花费 14 便士[②]，速溶土豆泥的“粉碎火星人”广告风行一时，万维网的发明人蒂姆·伯纳斯·李还在学校读书。尽管时过境迁，但我们的潜在动机始终不曾改变。正如广告创意界的传奇式人物比尔·伯恩巴克所言：

“人类本能的形成用了数百万年，即使有所变化，那也还要再过数百万年。谈论人的改变是很时髦的，但一个传播人应该注意不变的人性——对于生存、受尊崇、成功、爱和自我关怀的不可遏制的驱动力。”

话虽如此，广告商却还在不断宣扬消费者已经彻底改变的天方夜谭。为什么会这样？

广告商的既得利益而非背后的真相，才是这一问题的症结所在。《营销人来自火星，消费者来自新泽西》一书的作者鲍勃·霍夫曼一语道破了天机：

---

① 品脱，容积单位，1 品脱 =568.26125 毫升。

② 便士，英国货币辅币单位，类似于中国“分”，100 新便士 =1 英镑。

“他们越能说服我们相信一切都在改变，并且因此需要他们来帮助我们理解这些变化，他们在这个行当里才会干得越长久。因此，他们便源源不断地炮制出夸大的广告词和可怕的警告，以便求得别人的关注，进而从收视率、收听率和阅读率的增长中获取不菲的利润。”

对于鲍勃的这番话你先不要全盘接受，而我将通过这本书论证，人类的本性是不变的。为此，我将重复大量经典的实验并在此基础上加以拓展，以证明它们在今天仍然适用。

我们一贯地低估情境的作用

达利的实验证明，在那种特定情况下，情境因素要胜过人格因素。然而，这个结果却与多数人预测的可能会发生的情形相左。

我和劳拉·麦克莱恩动员了 433 人参加一个思维实验。不妨设想一下，如果说有个人突然倒在走廊中，可能需要帮助，那么你认为谁会留步？是有着一副热心肠但要赶时间的人，还是时间充裕但却不那么乐于助人的人？

实验得出的结果与预想相差了十万八千里。81% 的人认为，那些赶时间的人更有可能会停住脚步，而仅有 19% 的人预测那些时间充裕的人会驻足。这个结果很大程度上与达利实验的结果截然相反。

为什么我们会低估情境作为行为驱动因素的作用？也许是因为，这样有助于提升我们的自我形象：它让我们的虚荣心得到满足并使我们相信，我们是十全十美的理性典范。谁愿意承认自己是受外力摆布的呢?

如果说除了达利的实验，再也找不到第二个实验能够证明人们低估了情境因素的重要性，那么慎重对待其研究发现也就不无道理。但事实上，这个发现在类型各异的情况下都会反复重现。而在那些重现的研究案例中，斯坦福大学社会心理学教授李·罗斯所做的实验或许最为著名。

罗斯招募了 36 名学生来参加一个小测验，其中半数人被随机指派为提问者，剩下的一半人则扮演参赛者。提问者有 15 分钟时间就他们选中的题目想出 10 个有一定难度的问题，然后参赛者要尽可能地作答。正如大家可能料到的一样，大多数参赛者对于其中不少问题都抓耳挠腮、备感吃力。最终，参与测试的提问者与参赛者彼此之间要给对方所具有的常识水平打分。

参赛者给提问者打出的常识评分明显高出后者给前者打出的分数。对此，双方都错误地把对方的表现归因于他们的人格因素，而并不认为是特定情况下的背景因素使然。

如何运用这种效应

1. 进行小规模、经常性的调研

劳拉和我是用谷歌调研工具（Google Surveys）做的这个思维

实验。在具有全国代表性的群组（nationally representative group）中提一个问题的费用大约为每人7便士，而相关数据通常在一两天内便可得到。

市场调研环境的发展一日千里，这让品牌商受益匪浅，而调研工作的形式也不再仅仅局限于一年一次的大型调研项目。事实上，这些调研工具可用于解决市场营销人员在其日常工作中所遇到的问题。

2. 那些赶时间的人被分散了注意力

实验中，那些赶时间的学生在乐于助人方面表现欠佳。普林斯顿大学心理学家认为，有一个原因可以解释这个现象，即“认知地图的缩窄”——这个他们借鉴来的用语出自于加州大学伯克利分校的心理学家爱德华·托尔曼。

用达利的话来说就是：我们的神学院学生即使在匆忙中也注意到了那个受困者，因为在实验后所做的访谈中，他们都提到了那个人，而且事后再回想起来，他们也觉得对方可能需要帮助。但在走近受困者时，他们却并未意识到这一点。他们非常重视这次约见，而给他们的时间又如此紧迫，以至于让他们无法完全处理其他信息。

有些情况下心不在焉是有利的，譬如说服那些并不喜欢你的品牌的人，我们将在偏差二中对这种情况做详细探究。但总的来说，广告商应该把关注度较高的受众放在优先位置上。从以上实验中得到的一个最明白的教训便是，当人们处于匆忙状态时应避免与之沟通。

2008 年，CBS 户外传媒与一家大型市场研究公司——特恩斯（TNS）合作开展的一项名为“完整回忆”的实验为这一原理提供了依据。当时他们在街上拦截了 290 个路人并招募他们参与访谈。他们中的一部分人被直接领到访谈室，而中途他们经过了一条走廊，走廊两边的墙上贴有广告海报。其他人先是被安排在一间四周贴满了海报的等候室等候。他们在那里等了三分钟后，才在相关人员的带领下顺着同一条走廊来到访谈室。刚一进到访谈室，他们就被要求回忆都看到了什么广告。

两组受试者的广告接触时间分别为 3 分钟与 3 秒钟，他们所能回忆起来的广告数量有天壤之别。相对于停留时间较短的那组受试者，接触广告时间较长的受试者记住广告的可能性是其 6 倍，记住广告细节的可能性是其 4 倍，而准确想起问题中所提到的品牌的可能性更是高出前者 13 倍之多。

“完整回忆”实验的数据是基于广告展示的时间长度得出的。但不能仅仅因为广告展示在人的面前就说它一定被人看到了。不过就在最近，一家利用眼动追踪技术进行市场调研的公司——流明研究（Lumen Research）对观看时间对于记忆的影响力进行了量化。他们在对曝光 100233 次的广告进行分析后发现，如果看一条广告的时间少于 1 秒钟，那么只有 25% 的人可以记住广告；但如果看广告的时间在1到2秒钟之间，记住广告的人的比例就会跃升至45%。公司创始人迈克·福莱特由此主张，广告主应力求让他们的广告被受众观看至少1秒钟。

这听起来似乎是一个可以轻易超越的基准。然而，流明研究公司的更多数据却显示，大多数在线广告都未达到这一基准。他们招募了一个300人的受试组，所有受试者均同意在他们的电脑上安装眼动追踪软件。这套软件使得流明研究公司可以在受试者正常地浏览网页时，对他们观看广告的时长加以分析。他们对53962次曝光量的广告所做的分析的结果表明，仅有4%的展示广告被观看的时间超过一秒钟。

广告主不能想当然地假定，他们的在线广告的观看时间至少会有一秒钟。他们必须物色那些能够给予较长观看时间的域名和投放方式。举例来说，各大主要网站上的广告平均浏览时间长短悬殊，最短者与最长者之间相差了6倍。

人们对于广告显示时间长短的看法存在着巨大分歧，这一事实提示广告主应该重新评估他们购买媒介时的参考依据。当前采用的标准衡量尺度是千人成本，即每产生一千次浏览量所需要的成本，而流明调研公司的数据表明，广告主应考虑根据受众花在广告上的时间来权衡取舍。

3. 目标情境与目标受众应当同时并重

从这个实验中我们得到的最重要发现就是，作为决定人类行为的因素，情境的影响力往往要大于人格。这个发现从根本上削弱了广告业最根深蒂固的信念之一：品牌商必须先确定一个核心目标受众群，然后重点围绕他们进行沟通。

这个实验表明，品牌商对于目标情境与目标受众应做到同时并重。从本书开篇到结尾，我都会就情境如何促成某些行为展开详细论述。

4. 不要想当然地认为你觉得对的情境就是对的

达利的实验最后出现了一个意外的转折。不妨回想一下，心理学家在要求学员做一番陈述时所设定的场景。我在前文中没有提到的是，半数学员被要求就好撒玛利亚人的寓言进行讨论，而另一半人的讨论则围绕最适合毕业生的工作展开。

好撒玛利亚人寓言故事说的是一个路人在从耶路撒冷前往杰里科的途中遭遇了抢劫和殴打，歹徒在行凶后便弃之不顾，任其死亡。三名宗教人士刚好路过这里：一位神父、一个利未人和一个撒玛利亚人。令人遗憾的是，前两个人都对落难路人不理不睬，只有撒玛利亚人停下驻足并伸出援手。

身为宗教学员，这些参与者理应非常熟悉这则寓言。“很难想象出一种情境，”达利说，“其关于帮助落难者的价值标准要比让人想到好撒玛利亚人的作用更为明显。”我们完全有理由预料，那些依照约定要就好撒玛利亚人发表感言的人很可能会停下脚步。然而事实并非如此。这个布道题目没有对结果产生丝毫影响。

情境至关重要，但很难一眼看出究竟是什么特定情境产生的作用。因此，我们有必要对我们的假设做简单的验证，以确定这个特定情境对我们在市场中的品牌有何影响。正如诺贝尔奖得主理查德·费曼所言：

“你的理论有多漂亮并不重要，你有多聪明也不重要。如果理论与实验结论不符，那它就是错误的。”

一个既漂亮又得到充分实验证据支持的社会心理学理论就是社会认同。下面我们就转到这个主题。

偏差二——社会认同

为什么受欢迎的品牌会变得愈加受人欢迎

你开车前往火车站，路上，你看到一群行人正盯着一棵树看。于是，你伸长脖子想看清是什么让人们如此兴奋。也许，是一只陷于困境的猫？或是一棵摇摇欲坠的树？但还没等你搞清楚，信号灯就变灯了，你只好驾车继续前行。

你因为别人对一件事有兴趣所以也对这件事来了兴趣，也就是说，你受到了社会认同的影响。这个确立已久的偏差是现代社会心理学的奠基人之一——穆扎弗·谢里夫在1935年所做的一项研究中首先提出的。

尽管谢里夫的工作颇有趣味，但与营销工作者关系最密切的应该是亚利桑那州立大学心理学与营销学教授罗伯特·西奥迪尼于近期所开展的一项研究。他说服了一家美国连锁酒店集团，对他们留在客房中、用以鼓励客人重复使用毛巾的留言条做了适当修改。他设计了三种不同的留言条：第一种起对照作用的留言条上说明了重复使用毛巾对环境的益处，结果35%的客人在看到留言条后重复使用了毛巾。相比之下，强调社会认同的留言条只是简单声明了一下，多数客人都重复使用了毛巾。尽管这一版本的留言条中所有理性的内容都被删除，但遵照留言条重复使用毛巾的客人比例数却不降反升，达到了44%。

这种偏差是否适用于实际经营

我最近刚刚做了一项实验表明，社会认同对于其他领域也是有实际应用价值的。在该实验中，我给300个受试者看了一个假啤酒品牌的图片，并向他们介绍说这款啤酒正投放英国市场。其中一半人被告知了生产啤酒的原料来源，另一半人除了听到相同描述外还得到了额外信息——这是南非最受欢迎的啤酒。在第二个情形中，消费者想尝试这款啤酒的可能性是第一个情况下消费者的两倍。

理查德·克莱和我在一家酒肆中对社会认同的有效性做了检验。南伦敦一家名为“天穹”的啤酒馆同意我们放置一个小小的告示牌，上面写着波特酒（Porter）是本周最畅销的浓啤酒。这则告示让波特酒的销售额较每周平均销售额提升了2.5倍。在我们将每周平均销售业绩中的波动情况排除掉后，波特酒的销售份额则较之前翻了一番。类似这种真实实验场景提供了一个检验偏差的理想空间，因为它消除了人们对偏差的疑虑，即认为它是实验室环境的产物。

如何运用这种效应

1. 说明受欢迎程度

最简单的方法就是清楚地说明你的产品的受欢迎程度。很多响当当的广告营销战役都是这么做的，其中最著名的莫过于伟嘉猫粮的广告。他们的那一句广告语可谓经久不衰、耳熟能详："十个猫主人中，八个人都说他们的猫咪更爱伟嘉。"但遗憾的是，英国广告标准局接到的一条投诉让广告商不得不降低"调门"，其广告语变成了后来稍嫌啰唆却更为准确的一句话："十个对猫粮表现出偏爱的猫主人中，八个人都说他们的猫咪更爱伟嘉。"

这个基本方法还可用在销售网点，以达到让顾客安心的目的。麦当劳无人不晓的餐厅招牌上写着享用过其服务的顾客人次——从1955年（雷·克罗克买下该公司的那一年）的一百万人次到1994年的九百九十亿人次。

2. 广告语应"量体裁衣"

大张旗鼓地宣传产品的受欢迎度固然可以奏效，但你还能在广告的实效性方面走得更远——西奥迪尼在其下一阶段的实验中便证明了这一点。他又检验了第三条信息，内容也是让客人重复使用毛巾，而这次的理由是住过同一房间的其他多数客人都是这么做的。结果这个方法使毛巾的重复利用率提高到 49%——较对照组的 40% 有所增加。西奥迪尼论证说，正是因为这条信息更贴切，所以它才更有效。不过事实上，至少可以这样说，他实验中的关联性有些牵强附会之嫌。想象一下，如果这些信息能够真正切合实际，那么它们的效果势必会好很多。

广告主运用这种“量体裁衣”式策略的例子越来越少。但英国最大的咖啡连锁品牌咖世家（Costa）却是其中一例。他们的广告将知名度指向了“咖啡控”人群，而并非常喝咖啡的人群。正因为如此，广告成功地引起了那些把自己归为咖啡品鉴者人士的共鸣。据《卫报》的报道，该广告推高了销售额，使其同比增长了 5.5%。对于一个成熟品牌而言，能够达到这样的增长率的确很了不起。

综上所述，最佳策略就是以适当贴切的方式向你的受众说明你的品牌的知名度。一个方法是在沟通中使用区域化的信息。譬如，在曼彻斯特你要说你的产品是曼城人的最爱。另一个方法是定制你的广告语，使其适合刊登广告的报刊。如果你的广告出现在《卫报》上，那你就可以提及你的产品在该报读者当中的知名度。但如果广告刊登在《每日邮报》上，那么你就必须参考《邮报》读者的意见。倘若你把这两类读者混为一谈，最终你可能会抱憾不已。

既然这个方法如此有效，那它为何没有被更普遍地采用？

支持社会认同的证据是确凿无疑的，但为什么它不是一个常见策略？那天当我写到这里时，我随意浏览了一下《泰晤士报》，只看到一个利用社会认同策略编写的广告。为什么会这样？

这其中的主要原因在于，就在品牌商为了所要传达的信息而搜肠刮肚的同时，他们会委托专业机构进行调查。结果发现，受试者无一例外地声称，他们没有受到别人的任何影响，并且都是独立自主地做决定的。通常情况下，大多数酝酿中的基于社会认同策略的广告战役便会因此戛然而止。

西奥迪尼毛巾实验最后的转折提醒我们，品牌商可能会过于仓促地下结论。西奥迪尼联系到一群学生并询问他们哪一个鼓励重复使用毛巾的信息是最具说服力的。他们中的绝大多数人都选择了对环境有益的那个信息。这一结果与人们的实际行为表现截然相反。轻信顾客会把你带入歧途。正如大卫·奥格威所言："消费者所想非其所感，所言非其所想，所做非其所言。"

但广告主仍在做市场调研，而他们对受访者的一家之言似乎都信以为真。市场调研的大部分费用都花在了调查上。你的调研工作的改进之道就在于不要再听顾客讲什么，而要开始观察他们做什么。

用《芸芸众生》作者马克·厄尔斯的话来说就是："我们需要从人类学中汲取有益的知识养分，并把关注的重点放在人际空间上，而不是两耳之间的那个地方。"

3. 酒香也怕巷子深

第二个原因在于，想当然地认为其知名度已是家喻户晓的品牌商不在少数。担纲广告创意的营销人员对于他们品牌所占的市场份额可谓了如指掌，但他们总是错误地认为，买东西的人同样也是如此。这是一个错误的认识。克莱尔·林福德和我对 1003 名消费者进行了一项调查，目的是让他们说出四个品类——汽车、速溶咖啡、生啤酒和咖啡店中各自的领导品牌。结果显示，只有少数人答对了三个品类中的领导品牌。与预想相差最悬殊的是生啤酒品类，只有 24% 的受访者知道卡林啤酒（Carling）是英国酒吧最畅销的酒水。所以，要想避免酒香也怕巷子深的尴尬，就必须大张旗鼓地宣传！

4. 创造性思考

采用社会认同策略的另一个障碍是，大多数品牌并非市场领导者。坐“头把交椅”的只可能有一个。但只需要一点创意，你就能畅行无阻。以巧克力条为例，你可以引用销售额数字，比如 Tunnock 巧克力的那条由来已久的广告语——“每周销量五百万”。你也可以拿销售额增长率说事——你的增长速度也许是最快的。你或许在子类别中业绩斐然——你可能是黑巧克力条市场的领头羊。变换的形式可以有数百种可能。

策划营销广告诉求的创新思路绝不止一种，而富于创意的诉求表现方式也有很多。只要方法得当，一条可能让人感到枯燥乏味的信息也会变得更具感染力。举例来说，20 世纪 70 年代，福特公司希望能够提升其敞篷车的知名度，对此，智威汤逊广告前董事长杰瑞米·布尔莫描述道：

他们完全可以中规中矩地说：“福特敞篷车，美国最畅销。”然而他们非但没这么做，还用了这样一个广告标题：《唯一一种比福特卖得好的“敞篷车”……》并配以一张婴儿车的图片。这是一则幽默风趣的广告语，说成是一个玩笑也不为过。这个沟通能否达成完全取决于受众的付出。这种付出不大却让人舒畅，并且任何有意购车的人都完全有能力做到。原来的广告语可能会被当成一家自鸣得意的厂商说的不以为然的话，但在一番润色后却成了一个有说服力的证据，用于树立信心十足的市场领导者形象。这一点大家都已经看得很清楚。

那些肯花时间传递社会认同信息，并将智慧与魅力融入其中的品牌商势必会迈向更大成功。

利用社会认同甚至可以无须以事实说话。你所要做的就是创造流行度的“幻象”。2001 年，当苹果推出 iPod 时，其竞争对手都采用沉闷寡淡的黑色耳机。一旦使用者将 MP3 播放器塞进衣服口袋，路人便无从知晓他用的是什么品牌的设备。换句话说，没人能看得见他们的成果。

相比之下，iPod 用户所佩戴的醒目的白色耳机则让他们很容易被识别出来。甚至在苹果真正成为市场领头羊之前，这个与众不同的特征便奠定了苹果在人们心目中的老大地位，而正是这种印象让品牌赚到后来那么多的人气。正如苹果前首席布道师盖伊·川崎所言：“说到底，熟稔易生忠诚，而非轻侮。”商业内参网（Business Insider）在回顾 iPod 所取得的非凡成功时这样评价道：“苹果公司最伟大的创新也许就是……那些全白色的耳机。”

iPod 并非个例。美格纳斯果酒（Magners）在英国推出时便走的是社会认同的路子。这款酒是第一个推荐加冰饮用的果酒品牌。这就意味着，即使在酒水倒进了酒杯，酒瓶已被处理后，人们仍可一眼便知酒客们的杯中之物。2005 年夏天，凭借这个独树一帜的营销手段，他们制造出一种人人都在喝美格纳斯果酒的假象，而这种假象使得品牌知名度大大提升。此外，他们的营销方案是每次只投放一个区域市场，从而巧妙放大了这种品牌印象。他们逐一地向每个区域市场渗透，直到美格纳斯成为果酒的代名词。

5. 分清轻重缓急

最后一个，往往也是被轻描淡写的障碍就是，社会认同似乎过于简单化。看到这个方法如此轻而易举地使问题迎刃而解，我们会觉得这有损于自己的职业自豪感。运用社会认同无法让我们感受到自己的智慧锋芒，也不会有比销售人员高出一头的优越感。但要屈从于这些想法，那就相当于把自己的利益凌驾于那些掏钱打广告的人之上。这无疑是颠倒了主次。社会认同策略能否被市场接受才是真正重要的。就这一点而言，相关的证据已经说明了一切。

社会认同是一种具有影响力但却未被充分利用的策略。然而，这种策略有时可能会适得其反，而这正是下一章的主题。

偏差三——反面社会认同

当偏差导致的结果适得其反时

你到达车站，泊车时一通手忙脚乱，好在还有几分钟富余时间。列车进站时空位已所剩无几。如果你能迅速挤上车，兴许还可以找到个座位。幸运的是，当列车嘎吱嘎吱地停稳时，车门刚好正对你，你这才得以落座。

你的大脑陷入一阵空白，几分钟后才回过神；你掏出手机，随意浏览各大新闻头条。《卫报》的一条恳请读者支持的广告打断了你："《卫报》现在的读者比以往任何时候都多，但是付费的人却越来越少。"你直接忽略掉这条信息，可费了半天劲也没找到关闭这则广告的小叉叉。《卫报》的这个诉求未达到任何效果，究其原因可以用亚利桑那州立大学心理学教授罗伯特·西奥迪尼所说的"反面社会认同"来解释。

正如前一章中讨论过的，社会认同研究的是描述消费者如何受到他人行为的显著影响的课题。反面社会认同则是因一时疏忽，误用行为偏差所致。一旦使用方式不当，造成事与愿违的结果，社会认同便会走向反面。

反面社会认同的实际作用

支持社会认同的证据源于 2003 年在亚利桑那州石化林国家公园所做的一项实验，进行这项实验的是西奥迪尼与他的两位同事——史蒂夫·马丁和诺亚·戈德斯坦。他们之所以选中这个地点，原因就在于当时这里每月都有大量的木化石被盗。失窃的木化石已达到灾难性的数量，以至于这座公园成为美国十大濒危国家公园之一。

为应对偷盗问题，公园护林员竖立了几个写有如下文字的告示牌：每天，这些本属于公众的自然遗产都遭到肆意破坏。尽管多半情况下每次只有一小块木化石被拿走，但每年因此损失的木化石有 14 吨之多。

然而，这些告示牌究竟起不起作用？鉴于告示牌强调了偷盗者的数量，心理学家们因此担心它们会助长偷盗的风气。

为了验证这一假设，实验团队将木化石摆放在靠近三条公园小径的地方。这三条路中的两条都有他们竖立的劝阻人们不要偷盗的告示牌，还有一条路为了与有告示牌的路形成对比，故而没有设置告示牌。第一块告示牌上的文字意在提醒人们注意偷盗行为带来的影响：请不要将木化石从公园里拿走，以免改变石化林的天然状态。第二块告示牌写着：很多过往游客将木化石从公园里拿走，导致石化林的天然状态被改变。

这是一条包含反面社会认同的信息，因为它强调的是不当行为具有怎样的普遍性。当人们看到那个谴责偷盗行为的告示牌后，有1.7%的木化石失窃。相比之下，在遇到包含反面社会认同信息时，这一比例数跃升至7.9%，是前者的四倍还多。

更令人担忧的是，包含反面社会认同信息导致的偷盗行为甚至要比没有任何广告情况下的偷盗行为多一倍。在信息量为零的对照情形中，失窃率仅为2.9%。换言之，原本设计告示牌的目的是减少犯罪，但事与愿违，它反倒助长了犯罪。用西奥迪尼的话来说："这根本不是犯罪预防策略，而是犯罪促进策略。"

沦为反面社会认同牺牲品的广告宣传活动数不胜数

很多营销活动还在用令人生畏的数字来描述所要解决的问题的严重性，以达到震慑人心的效果。这种广告很稀松平常，而西奥迪尼称它们为"天大的错误"。

不妨看看维基百科，它当前为筹措资金在站内发布了如下信息：

"我们打开天窗说亮话：本周，我们请求大家向维基百科伸出援手。为了捍卫自身的独立性，我们从不打广告。我们依靠人均15

美元的捐助才得以维持至今。我们的读者中，只有一小部分人捐了款。假如读到这条信息的每个人现在就捐 3 美元，我们的募捐活动用不了一小时就将大功告成。（我加粗了字体）”。

还有英国国家医疗服务体系（NHS）的献血公益广告活动，其中宣传说献血者比例仅为 4%。担任政府行为洞察力小组组长的大卫·哈尔彭甚至还说，他已记不清究竟见过多少个像献血的例子了。

→ 针对移民官员的公告上说，他们有些同事因为兜售工作签证而遭到逮捕和惩罚（“从未有过这种想法——我好奇的是，他们挣多少工资？”）；

→ 医生办公室里的告示牌上写着上个月他们诊所的失约病人数（“……所以，我并非孤例。”）；

→ 为女性在企业董事会高管人员中比例过低而鸣不平的全国宣传活动。

当人们得到的信息着重强调的是不好的行为司空见惯时，沟通工作就会沦为败笔。不幸的是，我们作为社会动物，有着仿效他人的天性，而这种沟通客观上只会助长本来要努力加以阻止的行为。

如何运用这种效应

1. 把统计数字翻转过来

同样的情形可以用不同的方式来描述。你要确保将描述的着重点放在可取行为的普遍性上。不要强调那 14 吨被偷盗的木化石，而要将 97% 的游客都没有偷盗行为这一事实广而告之。不要谈只有 4% 的人献血，而应坦言说，现有两百万献血者，但还需要更多。

在每一种情形中，设法选择一个能让社会认同发挥积极作用的数字，避免可能起到负面社会认同效果的数字。

2. 拉近感受与现实之间的差距

我们的行动会受我们所认为的他人行为方式的影响。但是，这种主观的揣测往往是不准确的。举例来说，益普索 - 莫里（IPSOS MORI）市场调研机构在 2014 年让一千个英国成年人对各种社会问题的严重程度做出评估。受试者给出的数字总是与事实相差甚远。比如抽选人员估计，每年有 16% 的 15 至 16 岁女孩过早生育。但根据联合国所做的统计，真实数字只有 3%——尚不及估计数的五分之一。

与此类似，针对上一次普选中合格成年选民的平均估测投票率仅为 49%。真实数字则要比这正常合理得多，达到了 66%。

媒体、慈善团体和政府部门往往会用令人恐慌的字眼来谈论社会问题，以至于公众把问题的普遍性看得过于严重。不要试图夸大问题，而要去查证人们的主观感受是否背离了客观现实。如果是的话，那么就应该缩小两者之间的差距。

3. 要讲指令性规范，不要讲描述性规范

有两种类型的规范：那些明确指明你该如何表现的规范被称作指令性规范，而那些说明大多数人如何表现的规范则被称为描述性规范。如果你面临的是一个大多数人行为失当、举止不良的情况，你所能做的一个选择就是使用指令性规范，而不是描述性规范。

比如，倘若只有少数人给《卫报》或维基百科提供捐助，那么一个备选方法就是宣传慷他人之慨会招致反感。我对一个有全国代表性的群体做了调查，在提供意见的人当中有 62% 的人认为，对于一家原本需要付费使用的新闻网站来说，无偿使用的做法是不公平的。

以上有关社会认同可能会适得其反的讨论已足够充分。在接下来的一章中，我们将探讨行为科学的一项更为积极的应用，也就是区别性——品牌可加利用的最有价值的策略之一……

偏差四——区别性

当世界朝左，请朝右

你拖着沉重的步子慢吞吞地走向车站检票口，熙熙攘攘的乘客中部分人穿着灰色、蓝色或黑色正装。当你终于来到旋转式闸门跟前时，其中一位当班的工作人员吸引住了你的目光。这个人约莫50多岁，看起来像一个老朋克：他的脑袋两边被剃青，只剩中间一条两英寸[①]长、天蓝色的头发被打理成“鸡冠头”造型。你漫不经心地想着：倘若你与一个留着“鸡冠头”的人共事，那会是怎样一番情形？

当然，你留意的是那个“鸡冠头”，而非几百个“马桶盖头”中的一个。人与生俱来的本能决定了你会注意到与众不同的事物。早在1933年，德国一位名叫赫德维格·冯·雷斯托夫的年轻女博士

---

① 英寸，英制长度单位，1英寸=2.54厘米。

后进行了若干实验，成功地在学术层面上证实了这一观点。

当时在柏林大学从事科学研究工作的雷斯托夫把她在可记忆性方面的研究发现公之于众。她给了受试者一个长长的文本列表，其中包含几个由三个字母组成的随机字符串，而在它们中间还插入了一组三位数——如：jrm、tws、als、huk、bnm、153、fdy。在经过短暂的停顿之后，受试者被要求逐条回忆表中的内容。结果表明，人们最容易想起来的是相对比较突出的项目——本例中是那个三位数。这种现象被称作“冯·雷斯托夫效应”（也称为“隔离效应”）。

让人遗憾的是，之后不久，冯·雷斯托夫的职业生涯惨遭变故并戛然而止。纳粹分子对柏林大学进行了政治清洗，她和其他一大批心理学家都被赶出了学校。当时还未满30岁的赫德维格自此再也无法著书立说。

时至今日仍旧适用

但赫德维格·冯·雷斯托夫的实验距今已经超过80年，这让人不禁怀疑，实验得出的结果在当下是否仍旧成立？我的同事劳拉·韦斯顿和我本人对此做了一番研究。我们给500位具有代表性的受试者每人一张数字列表，其中15个数字为黑笔所写，1个数字为蓝笔所写。过了不一会儿，我们问他们还能记得起哪个数字。

结果显示，受试者想起那个特殊的数字的可能性是其他数字的30倍。

我们又重复了这一实验，不过这次是用品牌作为验证对象。我们让受试者看一张有各种品牌标识的列表：11个汽车品牌和1个快餐品牌。同样在稍作停顿后，我们问受试者哪些品牌他们能够回忆起来。结果，这些消费者提及快餐品牌的可能性是汽车品牌平均提及率的四倍。与众不同、独树一帜可以使品牌变得令人难以忘却。这一点也许听起来显而易见，但在整个广告业它却是一个被有意忽略的“盲点”。

如何运用这种效应

1. 打破分门别类的常规

大多数广告对于分门别类的常规都是盲从的。哥白尼咨询公司分析了2001年在黄金时段播出的340则电视广告，发现其中只有7%包含差异化的品牌信息。

在淡啤酒市场，你能够观察到这种从众心理在起作用。所有领导品牌都无一例外地赞助足球。2012年的四大赛事都由淡啤酒品牌提供赞助：卡林啤酒赞助的是英格兰足球联盟杯，百威啤酒赞助足总杯，喜力啤酒赞助欧洲冠军联赛，嘉士伯啤酒则是英格兰队的官方指定用酒。这种混杂局面被*Campaign*杂志形容为：“在一个五人制足球场上踢一场十一人制的比赛。”

在其他类别的广告中，这种缺乏差异性的现象也是很明显的。汽车类广告总是偏爱某款座驾在崎岖不平的乡村道路上飞速转弯的镜头。时装广告中总会有俊男靓女在照相机或摄像机前噘嘴卖萌的特写。做得最离谱的当属手表广告。几乎每一则广告中的手表都显示的是相同的时间，即十点十分前后几分钟。之所以选择这一特定时刻，是因为这样可以让表针清晰完美地呈现出品牌标志。HTC手机广告也将屏幕的显示时间设为十点零八分——即便那是数字化的形式！

盲目模仿难免会沦为东施效颦。创意机构Sell!Sell!的创始人维克·波尔金霍恩对此曾有过如下评述：

在会议室里“闭门造车”所做的选择看似稳妥，但应用到实际当中时，却最有可能造成金钱的浪费。事实上，那些让人感觉熟悉和可靠的广告往往有着很大的风险性——只要涉及广告，就不存在所谓的“人多胆壮”。如果其他人所做的事情与你类似，或其形象和声音都很像你，那你们就有麻烦了。

因此，你所要做的就是，找到你参与策划的广告类别中公式化的行为规则，再将其彻底颠覆。这样做，你所能得到的回报将非常丰厚——这从提供比价服务的网站的实例中便可见一斑。在2008年，各大比价品牌网站都遵循的是同样的套路。无论是 Gocompare 网站、Moneysupermarket 网站、Confused 网站，还是 Comparethemarket 网站，它们都重点围绕基本利益进行沟通宣传——他们会对比各家保险公司的性价比，以及为普通消费者节省了多少钱。毫无疑问，基本利益的确至关重要，但当每个人都宣称给客户带来这种利益时，它们就不再赋予你商业优势。

2009 年 1 月，Comparethemarket 网站做出了一个打破行规的举动，即不再没完没了地宣传带给消费者的理性利益，而是开始走一条更加情感化的路线。他们创造了一个拟人化的猫鼬——亚力山卓·奥洛夫，它拥有一家叫作 Comparethemeerket 的网站。广告讲述了奥洛夫的网站如何不断陷入崩溃，而这全是因为人们在键盘上录入网站名时都错把 Comparethemarket（直译名：比较市场）网站打成了 Comparethemeeket（直译名：比较猫鼬）。该广告一炮打响，取得了不俗的成绩。在品牌考虑（consideration）和自发性认知度（spontaneous awareness）这两个基准点上，这家网站的排名从原来的第四位上升到第一位，成交额增长了 83%，公司在短短 9 周内便达成了全年的销售目标，可见区别性的营销策略取得了实效。

与 Comparethemarket 网站合作给我留下的一个深刻记忆是，他们的营销团队的规模是如此之小。他们的决策层只有两三人，可谓“短小精悍”。我可以肯定，这是他们获得成功的因素之一。根据我个人的经验，参与决策过程的人越多，产生别出心裁的思路和想法的可能性就越小。决策委员会无助于原创作品的创作成形。正如喜剧演员艾伦·谢尔曼所说：“他们在委员会的工作就是日复一日地坐在那儿上色，每个人都只管涂一道颜色，结果出来的就是一片灰白。”

2. 将你的目标受众的年龄纳入考虑

理查德·岑巴罗与路易斯·布林克分别是德门学院和科罗拉多大学的学者，他们在 1982 年做了一项实验，旨在探究年龄对冯·雷斯托夫效应的影响。参与实验的 72 名大学生和退休人员被要求记住一张物品清单，其中包含了一件特别的物品。果不其然，受试者对这个特殊物品的记忆是最深刻的，而冯·雷斯托夫效应在年轻组中的显著性更高。

正因为如此，那些将年轻人群锁定为目标受众的广告主应格外关注冯·雷斯托夫效应，并要一以贯之地加以运用。

3. 为什么区别性如此稀有

既然区别性有据为证，那为何打破常规的品牌寥寥无几？著名的创意总监戴夫·特罗特解释道：问题在于，从来没有人向客户解释，为什么平淡无奇是广告的大忌。他们并不觉得有何不妥，因为市场中所有人都是这么做的，而这种认识也正是创意人眼中的谬误所在。创意人希望能与众不同，从周围人或事物中脱颖而出。然而，对于客户而言，这看起来就像是花里胡哨的烟火特效。

区别性绝非仅仅是“昙花一现的花哨烟火”。也许，急于推广最新流行时尚的广告代理商忘记要把重点放在那些基本的原则与定律上？广告代理商须向客户宣传普及冯·雷斯托夫的研究成果，通过事实来证明区别性的力量。

不过，还有一个更加棘手的问题——倘若你标新立异，而广告战役未能达到预期效果，那么你很可能会将广告商“炒鱿鱼”。“尤其面对那些资历不深的客户，”特罗特说，“保险的做法就是随大流。”

一旦广告战役受挫，他们就可以把竞争对手的举措当成一个标志，用以表明他们在审批广告战役前已经做了尽职调查。具有讽刺意味的是，品牌商为利于宣传，会在沟通中想方设法地将这种自保性决策为己所用。譬如，IBM 公司的那个常常被誉为史上最佳广告语之一的金句——“没有人因为购买 IBM 而丢掉工作”——便是巧妙利用了个人对于自身利益极度关切的特性设计出来的。

最后一个可能的解释就是，人们在着手处理数据时所表现出的“短视性”思维。依我个人的经验看，很多品牌商在诉诸行动之前都想把本类别中的成功个案作为先例加以研究，最终就导致了模仿行为的产生。比方说，如果淡啤酒品牌商都赞助足球，那么现成的行之有效的例子必定俯拾皆是。如果说没有品牌商赞助乒乓球，那这方面的成功例子必然寥寥可数。这就导致了一种恶性循环——无论成功概率多大，更多品牌商都会把资金投向足球。

品牌商必须从本品类之外的其他方向寻求灵感。如果他们这么做了，便可以在那些为数不多、在各自品类中真正做到脱胎换骨的品牌身上发现一个共同点，即这些品牌都是非常独树一帜的。正如百比赫(BBH)广告公司创始人约翰·赫加蒂给黑色版李维斯(Levi's)牛仔裤设计的那句广告语："当世界朝左，请朝右。"

遗憾的是，赫加蒂并未对打破消费者习惯的最佳方法给过任何评论。因此，下一章就构成了一道"拦路虎"。看来，我们只有靠自己的力量去加以克服了。

偏差五——习惯

当大部分行为已成为不假思索的惯常反应时，该如何冲破习惯筑起的藩篱

你在人流中迂回前行，穿过中央大厅来到了地铁入口处。由于其中一台自动扶梯出现了故障，售票厅里排起的队伍比往常还要长。每个人都不得不走着下自动扶梯，就好像下一段楼梯似的。在耐心排了 5 分钟队后，你终于来到自动扶梯顶端，准备踩着扶梯台阶走下去。当踏上金属台阶时，你瞬间有一种不舒服和失去平衡的感觉。但这种感觉很快就过去了，于是你继续拾阶而下……

你是否记得上一次在一个损坏的自动扶梯上爬台阶时的感受？那会让人感到心慌，对不对？当你脚踩在台阶上时，会瞬间产生失衡感。即使你清楚台阶是固定不动的，但你仍不自觉地把步子迈得飞快，同时做出挺胸动作以补偿你在正常乘坐自动扶梯时所遇到的那股前冲力。

伯明翰大学的学者雷蒙德·雷诺兹称之为“出故障的自动扶梯现象”，它发生的原因是重复性的体验使我们养成了一种无法彻底推翻的习惯。

我们行为举止中的相当一部分都可以用这些习惯来解释，但它们却通常不易被发觉，只有当我们所处的环境改变时才会显露出来。所以，营销人员对其传播沟通的方式和内容须做到因人制宜，从而有效地驾驭消费者习惯的力量。

近一半的行为都是习惯性的

杜克大学两位心理学家杰弗里·奎恩和温迪·伍德所做的一次日记法实验为习惯性行为提供了量化依据。他们给 279 位本科生每人一块表，并给表设定了程序，使其定时发出嗡鸣声。无论何时，一旦表的闹钟被触发，学生们就要把他们当时的活动详详细细地记录下来。他们记录的形形色色的活动包括锻炼、赶路、吃饭、社交等等，不一而足，其中习惯性行为——在无意识思维状态下，在相同时间和地点做出的相同决定——刚好占 45%。

这就给品牌商出了一个难题。假如人们多数时候都处于“自动驾驶”模式，不假思索地购买上一次所买的相同产品，那么你如何说服他们选购你的品牌呢?

习惯一旦形成便难以破除

由于习惯具有情境特异性（context specific），所以一旦消费者所处的环境发生变化，习惯对他们的约束力就会减弱。举例来说，消费者经历的一次生活事件会导致其所处环境发生明显变化，进而扰乱他们原本稳定的习惯性行为。我这里先解释一下生活事件的含义，以防有人不熟悉这个术语。“生活事件”是指生活中的重大变化，比如得到一份新工作、开始上大学、生孩子或结婚等。

为了对这些时间节点的重要性进行定量分析，我和我的同事劳拉·韦斯顿调查了 2370 名有代表性的消费者。我们询问了两个问题。第一个问题是，他们最近经历的生活事件有哪些。第二个问题是，他们是否改换了十个特别注明的品类中的品牌。这十个品类包括了诸多行业类别：化妆品、出租车、火车、咖啡店、淡啤酒、宽带服务、汽车、手机，甚至还有眼镜店。接着我们对两组答案做了前后对照——这样做要比直截了当地提问更加可靠，因为人们通常并不清楚自己的行为动机。

调查结果可以说是“盖棺定论”。我们调查了十个产品类别，每个类别分别对应六个生活事件，因此总共就有六十个变量。单拿任何一个变量来进行分析，我们都可以发现，消费者在经历过一个生活事件后，他们改换品牌的概率会有所增加。

生活事件产生的影响是相当大的。平均而言，在近期没有经历过重大生活事件的消费者中，只有8%的人改换了选定类别中的品牌。而在经历过重大生活事件的消费者中，这一比例则上升至21%。其中三个产品类别尤为明显——那些经历过生活事件的消费者改换品牌的可能性是没经历过的消费者的三倍还多。

如何运用这种效应

1. 使消费者摆脱惯性行为（automatic behavior）

最直接的方法就是把消费者的注意力吸引到某种习惯上，并让他们摆脱这种行为方式。成功的关键就在于，针对发生惯性行为的时间和地点，有的放矢地做好沟通工作。

在这方面，英佰瑞超市（Sainsbury）提供了一个成功范例。2004年，这家超市了解到很多消费者在超市购物时都处于一种漫无目的的茫然状态。他们称之为“梦游式购物”。购物者连续几周都在买同样的东西——尽管超市中待售的商品多达30000种，但他们的采购范围却仅限于相同的150种商品。

英佰瑞超市的创意代理天联广告公司（AMV BBDO）的策划人员绞尽脑汁想出一个点子——通过一种戏剧化方式揭示出“梦游式购物”的普遍性。他们雇了一个人，让他身着大猩猩道具服，并让他去一家英佰瑞超市购买一周的商品。然后，他们问正要离开商店的购物者是否看见一个穿大猩猩道具服的人，让人备感惊讶的是，只有很少一部分人回答说他们注意到有这么个人。结论是，当购物者处于“自动驾驶”模式时，你很难吸引他们的注意力。

这家创意代理商试图通过一个名为“今天尝试新事物”的营销战役将顾客从昏昏沉沉的状态中唤醒。该营销战役邀请了杰米·奥利弗代言，以激发购物者的探索精神，使他们更加勇于尝试新鲜事物。除了广告本身外，超市还在店内向顾客派发食谱卡，销售点布置了标识系统，并且给所有15万名员工都做了相关培训，旨在起到锦上添花之效。

尽管破除人们的行为习惯并非易事，但此次营销战役还是大获成功。它之所以对英佰瑞超市奏效，是因为发生习惯性行为的环境完全在超市的控制之下。也就是说，超市方面所能利用的销售点材料有很多，远超包装消费品厂商所能承受的数量。此外，他们将金额可观的广告预算都悉数投入到了这一任务中。这更从一个侧面说明了，习惯是难以破除的。

2. 将经历过生活事件的人锁定为目标顾客

鉴于习惯难以被打破，品牌商应该发现并抓住那些难得一遇的时间点——习惯的支配力有所松动的时候，譬如在消费者经历生活事件之后。如今，我们有海量的目标定位数据可资利用，所以这些时间点识别起来要比以往任何时候都容易得多。就拿脸谱社交网站（facebook）来说，我们可以通过该网站掌握用户何时搬入新居或结束一段关系的信息。

就老年消费者而言，诸如退休这种生活事件对其购买行为所形成的冲击力并不亚于同类事件对年轻消费者购买行为的影响。而这对于你来说则意味着一个机会：把原本公认为墨守成规、不易改变的老年消费者锁定为你的目标顾客。由于老年人并不经常性地变换品牌，一旦有生活事件发生，其随后的短暂时间窗口就格外重要。

最后一点，必须准确识别与你的产品品类的关联性最大的生活事件。生活事件的相对重要性因品类的不同而异。例如，对于化妆品来说，重大事件应该是在消费者改变其所属的社会群体的时候——初入职场、上大学或离婚。在这些情况下，购买者真正需要的是自信心的提升，或是趁此机会给自己塑造一个新的形象。

3. 广告时机可以选在人生中重要的自省时刻

亚当·奥尔特与哈尔·赫什菲尔德分别是纽约大学和加州大学洛杉矶分校的心理学家，他们在研究中发现了一个不同寻常的时期——年龄尾数每逢九时，在这个时期人们更有可能对自己的生活做出重新评价。他们把这群人称为“逢九者”。这两位心理学家对接受“世界价值观调查”的42063位受试者的数据进行了分析并发现，那些年龄“逢九者”更有可能对其生命的意义提出质疑。

这种自我反省的重大时刻之所以会出现，是因为我们无法以一种平和淡然的心态看待时间的推移。某些里程碑式的事件——如迈入新的十年——具有非同寻常的重要意义。

珍妮·利德尔和我想知道，这一研究发现是否同样适用于英国。为此，我们调查了500个有代表性的成年人。结果表明，“逢九者”多半主张要打破砂锅问到底——这种可能性比其他受访者高12%。

营销工作者饶有兴趣的一点在于，这种自我检视（introspection）往往能够促成实际的行动。很多“逢九者”都通过采取极端手段来化解他们自身的困境，搞婚外情便是其中一种形式。两位心理学家对一个婚外社交网站ashleymadison.com的800万男性用户的年龄做了分析。这家网站专为那些已经有对象或配偶，但又想有一段婚外情的男女牵线搭桥（它充满诱惑力的广告语是“人生苦短，及时行乐”）。

他们发现，当男人的年龄尾数逢九时，其出轨的概率要比其他男性的平均出轨概率高出18%。如果说男人更倾向于反思人生，那么他们就更有可能意识到某些事情出了差错，进而采取补救性措施。

不幸的是，这种自毁式行为并不止于此。美国疾病控制预防中心的数据显示，“逢九者”的自杀率较其他年龄者有增高的趋势，其增幅虽小但仍具有统计学意义。

当然，并非他们的所有行为都是消极负面的。

“逢九者”仅仅是更有可能做出重大、决定性的举措，而无论这些举措给他们的生活带来的改变是好还是坏。体育赛事网站athlinks（www.athlinks.com）的数据表明，“逢九者”去跑首场马拉松比赛的概率要比其他年龄组的人高48%。

如果你要让消费者重新评估他们自身的行为，也许“逢九者”特别适合做你的谈话对象。

4.沟通要在习惯“成自然”之前

一个可供选择的策略就是，在习惯变得根深蒂固之前，有重点地进行沟通。

一个出自社会政策领域的实例可以说明这一策略的好处。在美国，科罗拉多大学儿科学教授戴维·欧兹制订了一套名为“护士家庭合作计划”的干预措施，旨在为身处弱势群体的母亲提供护理支持，直到她们的孩子长到两岁时为止。每隔一周，一名护士都要走访低收入家庭并提供健康、发育和营养方面的建议。相关的严格实验已经证明，这套干预措施不仅使暴力行为大大减少，也让教育效果得以提升。尽管这些结果令人印象深刻，但它们只适用于那些生头胎的母亲，而生第二或第三胎的母亲则不受其影响，因为那时她们的习惯已经固定。

这并不是孤例。同样情况也可见于政府为鼓励小型企业按时纳税所试行的各种举措中。正如英国政府行为洞察力小组首席执行官戴维·哈尔彭所说：问题在于，一旦某人养成了迟缴或不缴税款的习惯，就很难再让他们改正过来。他们对于收到大量催缴函和“从门缝里塞进来的各种东西”——如罚款单——已经习以为常，而外界的人或事对他们起不到任何促动作用（nudge）。因此，多打一个电话或额外“推一把”所能起的作用并不大。

在人们的习惯趋于固定之前选准目标对象，这种方法同样也可以让商业品牌受益。所有品牌商都应该对本产品类别的新兴消费者给予格外关注。对于超市来说，育有年龄较大儿童的家庭在日常开销方面可能是最大的，但零售商还须认识到，一个更为合理而有效的长远策略也许应着眼于那些第一次来食品杂货店给自己购物的人——如在校学生和初出茅庐的职场新人。

除了围绕人们的习惯做文章外，超市和普通零售商还可以采用另外一种销售促进策略，即让他们产品的价格看起来不那么令人痛苦。这并不意味着必须降低价格，而只是说他们在进行价格沟通时务必慎而又慎。这就是下一章所要讨论的课题。

偏差六——付款

如何定价以减轻消费者支付时的痛苦感受

刚到十点钟，你就开始觉得有些懒洋洋的。你甚至连一封电子邮件都没读完，思想便开起了小差。看来是该用咖啡因提提神、醒醒脑的时候了。可是，办公室里的咖啡机却不巧坏掉了（什么时候给过力呢？），你只得闪进一家当地的咖啡店。你要了一杯无糖脱脂咖啡，而在刷卡支付前，你心血来潮又点了几块“大款”酥饼——还有“超级大款”这种更夸张的说法——来犒劳自己。你心想这要花三英镑[①]的巨款哪，可转念又一想管他呢。

你为何犒劳了一下自己？刷卡支付能否起到刺激你消费的作用？邓肯·席梅斯特和德拉岑·普雷莱茨所提供的证据表明，答案是肯定的。

① 英镑，英国国家货币和货币单位名称。

2001 年，这两位麻省理工学院的教授举行了一场有 64 位 MBA 学生参与的拍卖会，对两联篮球比赛门票进行了拍卖。每位学生都必须报一个门票最高出价。正如其他多数实验一样，该实验也有一个特殊安排：半数参与者被告知他们必须用信用卡支付，另一半人则用现金支付。实验结果是，使用信用卡支付的人的平均出价金额为 61 美元——是用现金支付的人的平均出价金额 29 美元的两倍还多。

对于这一结果，你也许不以为然并提出合理理由反驳说，用信用卡支付的学生之所以出价高，是因为他们有高消费的机会或便利。然而，实验中的其他要素暗示实际情况并非如此。首先，这些学生被告知附近就有一台自动提款机。其次，在将拍卖对象改为价值较低的篮球装备并重复这一实验时，用信用卡支付的学生的最高出价为 5.29 美元，而用现金支付者的最高出价仅为 3.32 美元。对于篮球装备这种可以轻松负担得起的商品，用信用卡支付者的出价仍旧高出支付现金的同学一截——这一事实说明，获取钱款的机会或便利并不是一个主要因素。这其中必定还有其他某些因素在起作用。

心理学家提出的假设是，刷卡支付减轻了付款痛苦。当消费者使用现金支付时，商品的成本会被更大地凸显，而刷卡支付则掩盖了这种感觉。正如纽约大学斯特恩商学院的两位研究员普里亚·莱休伯和乔伊迪普·斯里瓦斯塔瓦所言，“信用卡被当成了所谓‘垄断货币’来使用”。

两位作者在做论文选题时迸发出少有的学究式的幽默感，最终他们将论文题目定为《出门时永远都别带它：吐槽美国运通卡的营销口号——‘出门时别忘记带上它’》。

新的支付技术又有怎样的影响呢

最近，有一大拨新的支付方式向我们席卷而来，这已是众所周知的事实——其中运用最广泛的当属免接触式银行卡（contactless card）。盖布丽埃尔·赫伯德和我就免接触式银行卡对于价格敏感度有何影响做了专门的调查。我们向刚从位于伦敦市中心的几家咖啡店走出来的人提了三个问题：

→ 你花了多少钱？

→ 你用的是什么支付方式？

→ 能否让我们看看你的收据？

最后一个问题至关重要，因为它可以让我们知道受访者的记忆与真实情况是否存在出入。

调查结果让人大为惊讶。使用现金支付的人一般都将实际花费高估 9%，而使用免接触银行卡的人则将实际花费低估了 5%。两者足足相差了 14 个百分点。相比之下，使用信用卡支付的人所做的估计则完全正确。

这个偏差意义重大：按在超市购物一次通常花费 25 英镑来计

算，记忆中用免接触银行卡支付的开销与用现金支付的开销之间相差 14%，即相当于 3.50 英镑。一趟购物之旅给消费者留下的印象是“烧钱”还是相反，可能就取决于他支付时是否用了免接触银行卡。正是这样一种记忆决定了购物者能否成为回头客。一段正向积极的回忆既可以通过极低的折扣来实现——但这么做会侵蚀利润，也能够借助某种创新支付手段来营造。

如何运用这种效应

1. 投资无现金支付技术

非接触式支付终端还未得到普遍采用。很多零售商都将这种技术视为一项非必要成本，而不是一个能够刺激销售的机遇。如果你的零售店还没有采用非接触式支付终端，那就赶快用上它们。

即便你没有这种条件，也大可不必为此犯愁，改变消费者的价格认知无须昂贵复杂的技术。任何方式或手段——只要你能够通过它让消费者远离看得见、摸得着的现金货币——都可以达到减少价格敏感度的目的。这也是为什么赌场使用筹码而非现金的原因之一。那些小小的塑料片给人的感觉就像是“假钱”，因此赌徒在使用它们时会放得开一点。

对于品牌商来说，一个简单的应用方式就是下更大气力来支持预付礼品卡的销售。如同赌场筹码和信用卡一样，这些预付卡是重要的一步，它们让购物者脱离现金，从而在花钱时能够放开一点手脚。

2. 将此原则扩展到视觉呈现的方式上

你可以打开一扇更大的机会之门，让同样的价格看起来更加便宜，而利用免接触式支付工具只是其中一个例子。数字的呈现方式会对消费者的价格认知产生影响。举例来说，康奈尔大学酒店研究中心的三位学者西比尔·杨、谢丽尔·吉姆斯和莫罗·塞萨雷戈所做的一项相关实验证明，将美元符号从菜单上去掉可以使销售额提升 8%。去除美元符号对于价格的可感知性的降低作用可以说与银行卡如出一辙。

长久以来，高档餐厅一直谨守这一原则，而诸如 Byron 汉堡和 Café Rouge 餐厅之类的连锁店也正在逐渐接受这一原则。但从目前来看，它们仍旧属于少数，因此你的企业也完全有可能借助这种“微调”而获益。

也许，8% 的增幅对于你来说似乎无足轻重。但即便如此，也不要忘记这里不存在任何盘活成本，所以你的每一分收益都是纯利润。此外，采用该策略并不对其他策略构成排斥；如果你同时运用多个偏差，那么你节省款项的金额就会快速递增。

3. 考虑采用魅力定价

有一种方法对于去除英镑符号可以起到补充作用，这就是魅力定价法。该定价策略是将价格末尾数定为 9，如 3.99 英镑或 39 英镑。购物者倾向于认为，售价以 9 结尾的商品要比那些整数售价的商品更为划算。

我调查了 650 个消费者对于六种不同产品的价值认知。半数人看到的价格尾数是 99 便士，剩下一半人看到的价格要么高 1 便士要么高 2 便士。结果，魅力价格商品被认为物有所值的可能性要高出整数价格商品的 9%。相对于两者 1% 的差价，受试者感知的价值的提升幅度大得不成比例。

更有甚者，我的实验还低估了这 9% 的差价所产生的影响力。现实生活中，顾客购物时往往都是来去匆匆，因此这种偏差会有增无减。在 2013 年，一家让创作者直接向公众售卖作品的网站 Gumroad 对其平台上价格不到 6 美元的所有商品进行了分析，其定价形式只有两种——以 99 美分结尾，或用美元整数。他们一一比较了这些商品的转化率（conversion rate），即购买某件商品的人数除以看到该商品的人数。魅力价格商品的转化率是 3.5%，而定价高 1% 的那些商品的转化率仅为 2.3%，两者相差 51%。

为何魅力价格如此有效

一种解释就是所谓“左位数效应”。由于我们的阅读习惯是从左到右，所以我们会过分看重价格中的头几位数字。打个比方说，当你外出购物时，你可能就只会把价格记住个大概而已，如把 3.99 英镑记成 3 英镑。

然而，芝加哥大学的埃里克·安德森和麻省理工学院的邓肯·席梅斯特所做的一项研究表明，这并非影响消费者价值认知的唯一因素。

2003 年，他们与一家邮购零售商合作进行了一项实验，旨在考查不同价格对于女装销售额的影响。该零售商制作了三个版本各异的产品目录，并将四种女装的价格做了些许调整。在参照版产品目录中，女装的定价分别为 39 美元、49 美元、59 美元和 79 美元。这一情境中，他们总共卖出了 66 件衣服。而在第一个测试版产品目录中，衣服售价被抬高了 5 美元——39 美元的衣服变为 44 美元。结果，销量跌至 45 件。在最后一个测试版产品目录中，衣服售价比参照版低了 5 美元——比如，参照版中 39 美元的售价降到了 34 美元。在这一情境中，他们卖出了 46 件衣服。

左位数效应能够解释为何价位在 39 美元的衣服的销量高出价位在 44 美元的，但却无法解释价位更低的 34 美元的衣服反倒不如 39 美元的卖得好。这里一定有另一个因素在起作用，而最可能的合理解释就是，由于消费者反反复复接触到价格尾数为 9 的促销商品，以至于最后一看到这种价格就会很容易联想到便宜货。

无论是怎样的解释，考虑用魅力定价法都有充分的根据。初看起来，这也许是一个显而易见的结论。难道零售商数百年来不是一直在采用这种策略吗？这的确是千真万确的事实，但也有些零售商却在逐渐摒弃魅力定价法。

我对品牌观点（Brand View）追踪监测的650件超市商品的价格进行了分析，结果发现价格以0结尾的可能性是以9结尾的三倍。有些超市对于尾数为9的价格唯恐避之不及。我又对英佰瑞超市的528种商品价格做了一番梳理，发现以9结尾的价格所占比例仅为1.5%——远低于0到9中9作为单个数所对应的概率（10%）。

针对魅力定价法所开展的研究也许由来已久，但这并不意味着企业自始至终都在实际运用这一策略。

4. 灵活调整时间范围

还有一种方法能够最大限度地减少付款痛苦：当你在谈论交易时，可以对你所用的时间范围做灵活调整。我曾做过一项实验，旨在对此做更深入的了解。我给500位消费者展示了一个真实的马自达汽车按揭贷款方案，并让他们根据各种衡量标准对该方案打分。

这项实验的变数在于，受试者所见到的价格是以四种时间范围中的一种来呈现的，即按日、按周、按月或按年。比如，每日4.57英镑或每周32英镑。但无论是何种计价方式，最终计算出的年度总金额都是相同的（1668镑）。

该实验的结果表明，时间圈定得越短，交易的吸引力就越大。当价格以日费率形式呈现出来时，人们更倾向于认为这是一笔非常划算的交易，这种可能性是价格按年呈现的交易的五倍。与按月计费的交易相比较，按日计费的交易被认为是好的或划算交易的可能性要高出28%。

在计算一笔交易的合意性（desirability）时，消费者往往过分看重报价的总额，而对于时间范围则并不太在意。可以想象，这种认知偏差会产生多么惊人的后果。这就好比是，消费者一而再再而三地做出6×4的得数比4×6要小的误判。

这个实验结果不仅与汽车制造商的利益直接相关，也适用于任何按合同提供按时计费或分期付款业务的品牌商——无论其经营项目是健身房、手机还是车辆保险。所以，当商谈交易价格时，只需缩短时间范围便可以让交易看起来物超所值。

5. 故事的力量

品牌商很清楚一点，即广告中直来直去的手法无法达成最佳沟通效果。要塑造好品牌就必须学会讲故事——这是被广为接受的行业共识之一。但即便如此，多数促销活动还是过于直白：类似“买二赠一”“半价秒杀”这样的广告语可以说司空见惯。这种单刀直入式的促销策略是有缺陷的；品牌商电视广告的成功关键在于能否讲好一个故事，他们的促销活动亦是如此。

2005年发生在美国的一个营销案例为这一观点提供了佐证。当时，不少汽车品牌商都推出了一个颇有吸引力的交易方案——公众购车可以获得与企业员工相同的折扣。这一促销策略大获成功，销售额一路飙升至前所未有的水平。你可能觉得这一结果不足为奇——拉动销售的不就是打折让利吗？

但是，麻省理工学院和西北大学凯洛格商学院的三位学者——梅根·布塞、邓肯·席梅斯特和弗洛里安·蔡特尔梅耶在做过一番调查后发现了一个令人不解的反常现象。在促销活动开始前的几周，这几家汽车公司一直都在大幅削价，其打折力度几乎与企业员工一般所能享受的折扣旗鼓相当，甚至个别情况下，后者的购车费用较现有交易价格还有过之而无不及。

据此，这三位学者猜测，起关键作用的不是价格而是价格线索（price cue）。消费者对有关交易的貌似合理的说辞产生了反应，而对实际的折扣则相对不敏感。如果消费者对品牌没有信任感，他们就会以怀疑的眼光来看待交易，但要是将交易放到一个背景故事中，那么它们在消费者心目中的分量就会增加。

当你筹划促销活动时，不要单纯依赖“挥泪”打折。数字打动不了消费者。我们不是天生的统计学家——故事远比其他手段更能促使我们付诸行动。

但是，不要指望消费者会承认故事有多么的重要。事实上，消费者所说的和所做的往往并不一致。这种言行不一的情况就是下一章所要关注的重点。

偏差七——口头数据的危险性

当有人撒谎时，我们怎么了解到真相

在忙碌了一上午后，你需要休息一下。你登录了《卫报》约会广告专栏“灵魂伴侣”，开始查看给你的留言，结果只找到两条。但就是发这两条留言的人，似乎也没一个人让你看上眼，于是你便不予回复。

查询你信息的人次远不及你的预期。也许，你应该更新你的个人资料？你首先拿照片“开刀”，将其撤换成一张更显漂亮的、若干年前的旧照。

下一步又该怎么做呢？问题在于，其他人都在“自卖自夸”，所以任何看到你资料的人也都想当然地认为你同样如此。或许就算你本着谨慎、诚实的原则如实相告，别人可能也会怀疑你信息的真实性。

你又对你的个人资料做了一下调整，将你的身高改高了两三英寸。也许，这么篡改太过离谱，于是你重新“修正”了身高，变成只增加一英寸。接着，你又更改了自己的职位名称。自封一个主管头衔再好不过，反正你现在做的已经是主管的工作了。

无论如何，你的情况绝非个案，对约会网站上的个人资料“添油加醋”，将自身条件夸大到无以复加的地步的做法可谓比比皆是。“OK 丘比特”约会网站的创建者克里斯蒂安·鲁德尔对其网站的一百五十一万个活跃用户的资料做了分析，并从中发现他们惯常说谎的证据。

该网站男性会员声称个人年收入在十万美元以上的概率要比其他同年龄段、居住于同一区域的男性高三倍。如果说这种反差让人疑窦丛生的话，那么用户平均身高高出全国人口两英寸——这一基于网站数据所得出的结论就很难让人信服了。

鲁德尔还采用了一个最别出心裁的方法：他对用户上传的个人照片的拍摄时间进行了检查。当用数码相机拍照时，相机会给 jpg 格式的图片添加被称作“EXIF”元数据的文本标签。这些标签可以捕获照片拍摄的日期和时间。鲁德尔发现，用户个人照片拍摄的平均时间长短为 92 天，而那些被评为“最热门”照片的拍摄时间则要长得多。

性、谎言和调查数据

如果说鲁德尔的研究只是暗示有人说了谎，那么全国性态度与生活方式调查（NATSAL）则完完全全地坐实了这一猜测。在这项堪称研究工作“黄金标准”的调查中，伦敦大学学院和伦敦卫生与热带医学学院对 15000 名受访者进行了调研。2010 年，该调查发现英国异性恋女士承认的平均性伴侣数为 8 人，而异性恋男士则承认平均有 12 个性伴侣。这个差异显然在逻辑上不可能成立。如果每个人都实话实说，那么男女各自拥有的平均性伴侣数量就应该相同。

所有这一切都表明，广告主在尝试了解他们的客户时会遇到一个问题：如果他们不加鉴别地倾听客户的声音，那很可能就会被引入歧途。

即便诚实的回答也可能具有误导性

更麻烦的是，人们往往对于自己的真实动机一无所知。这一点在时任莱斯特大学心理学家的艾德里安·诺思所做的一项实验中得到了证明。

他花了两周时间，在一家超市卖葡萄酒的购物通道轮流播放两种风格的背景音乐——一种是传统的德国嗡姆吧（oompah）铜管乐，另一种是法国手风琴曲。他的调查对象是仅购买了法国或德国葡萄酒的顾客。在播放手风琴曲的时间段，法国酒的销量占葡萄酒总销量的77%，而在播放嗡姆吧乐曲的时间段，德国酒的销量相当于葡萄酒总销量的73%。

这种变化幅度足以说明，背景音乐是决定消费者购买的葡萄酒类型的首要因素。但只有2%的购买者很自然地认为，他们之所以选这个而不是那个，纯粹是背景音乐使然。即使在得到相关提示的情况下，仍会有86%的购买者坚持说，音乐对他们的消费决定没有任何影响。

他们并没有撒谎，而口出此言更多是因为他们不知道他们选择背后的动机。对此，可供解释的原因就是“事后合理化”（post-rationalisation），或者用心理学专业术语来说就是“虚谈症”（confabulation）。不要忘记《正义之心》一书的作者乔纳森·海特所言：理性思维“自认为是总统办公室（决策者），而实际上它只是总统新闻办公室（喉舌）而已”。

如何运用这种效应

1. 学习从谎言中读出真相——谎言可能具有启发作用

以全国性态度与生活方式调查为例，开展此调查的目的在于摸清男性和女性所承认的性伴侣数量。尽管调查对象所做的陈述并不属实，但它们至少揭示出了有关滥交的性别角色期待（gender expectation）。男人有夸大其滥交行为的倾向，而女人在这方面则往往是轻描淡写。从男女之间这一差异的比例的不断变化中，我们也能看出一些端倪。1990 年，男人所宣称的平均性伴侣数是女人宣称的数字的两倍半；而到了 2010 年，这一差距已减少至 50%。此现象表明，男女的性别角色期待正趋于平衡。

统计数字无法被一眼看穿，而必须加以梳理、分析和探查。对于这些数据，不能光看其表面，否则你就会被误导。但如果你做深入的挖掘和探究，你就可以找出隐藏在数据背后的有价值的信息。

2. 对你的调查做适当调整

《时代周刊》驻外记者路易斯·赫伦给过一条著名的建议："当某个政客私下里跟你说起什么事的时候，你要不断反问自己：'为什么这个撒谎成性的浑蛋对我总是不说实话？'"这种怀疑态度决定了他对所有的政客都是刨根问底、步步紧逼，直到最终揭开真相。

同理，对于谎言和欺骗伎俩你必须有所准备，并据此设计相应的调查方案。

这里有几个实用性技巧可供参考。首先，不妨询问被调查对象，在他们看来对于同样一件事其他人可能会作何表现。

当调查人们对社交媒体上呈现的那些"高大上"的形象是否觉得反感时，我运用了这一策略。在我调查的 300 个消费者中，26% 的人说他们自我标榜的形象要比真实的自己显得更加幸福和成功。

不仅如此，三分之一多一点的人声称，他们在社交媒体上看到别人成功时会感到郁闷。

尽管这是一个相当大的样本比例，但直觉告诉我它还是有被低估的嫌疑。毕竟，在调查活动中，每个被调查者身上都承受着呈现正面形象的压力。心理学家把这叫作“社会称许性偏差”（social desirability bias）。

有鉴于此，我又问了另外两个问题：他们是否认为别人在社交媒体上太过正面的形象是自己精心塑造出来的？当别人看到这些理想化形象时，他们是否有不好的感觉？

在回答这个被改头换面的问题时，人们更加容易承认存在这种为社交而“自我粉饰”的现象。事实上，60% 的被调查者声称，他们的朋友在社交媒体上都把自己刻画成一个幸福快乐的人，而实际情况并非如此。此外，近三分之二的人还承认，当别人在社交媒体上看到他们的朋友取得成就时，他们有时会感到沮丧。

我相信，这些问题促使被调查者给出了更为诚实的回答，因此调查的结果也就更加接近真相。

3. 不要问，要观察

直接询问的效果之所以不能令人满意，是因为调查对象有可能说谎和虚构事实。一个较准确的替代方法就是观察实际行为。

行为观察法可能仍要伴随着调查，但其中有一处改良——采用

“单元格法”（cell methodology）来掩盖针对受试者所提的问题的真实目的。该方法先要将你的样本随机分配到不同的单元格或群组中，然后对给每组所提的问题都做一些细微的变动。回想一下上一章的内容和我做的调查——不同时间范围对交易的吸引力会产生怎样的影响。那项调查采用的就是单元格法。所有调查参与者都不知道，对其他人的提问方式会略有差异。

如果能够避免单刀直入式的调查，而在一个自然真实的状态下对被调查对象进行追踪观察，那么效果会更好。这里举一个有关New Look需求简报的案例，当时该服装品牌正计划推出一个男装系列。最初的方案是，用适量预算做一个简单的产品发布。

我个人觉得，对于那些不愿从一个被他们视为女装店的商家那里置办衣装的男性客户来说，一场小型广告战役不足以让他们回心转意。但那仅仅是我的直觉而已，况且我们的预算已经不够开展一项调查了。

于是，迪伦·格里菲斯和我采用了一种替代性办法：我们从代理商那里招募了六七个志愿者，给他们拍了两次照片：第一次拍照时志愿者手中拿着印有New Look标志的塑料袋；第二次则拿着Topman品牌男装的手袋。我们把照片上传到一个约会网站Badoo上，其用户可根据照片给彼此的“颜值”打分。我们一直将照片挂在网站上，等了两周后，评分结果最终出炉。

我们发现，当我们的志愿者手里拿的是New Look手袋时，其“颜值”要比他们手拿 Topman 手袋时低 20% 至 25%。这一结果证明，New Look 当初显然低估了打一场广告战役的重要性；同时也表明，他们需要付出更大努力才能让男性客户相信他们是一个中性化品牌。

最后一个方法是使用未经加工数据（found data），即消费者在处理日常事务时无意中创建的数据。这种数据特别有实用价值，因为它们不会受社会称许性偏差的扰乱。而且，由于被调查者不知道有人正从旁观察自己，所以他们的行为举止都很自然。

资料搜索是最唾手可得的未经加工数据来源。通过分析搜索数据，消费者在调查中可能不愿承认的内情便会浮出水面。我们来看一个调查性别歧视的案例。大多数人都会说，无论自己的孩子是男是女，他们都会对其智力予以同等的关注。然而，《时代周刊》记者和数据科学家塞斯·斯蒂芬斯·戴维多维茨对美国的搜索数据进行了分析并发现，父母使用谷歌搜索“我儿子有没有天赋”相关信息的概率是搜索“我女儿有没有天赋”的两倍半。谷歌起到了一个现代版“忏悔室”的作用，而我们所有最隐秘的想法都在里面显露无遗。

但是，广告主们却空守着这座数据“富矿”而几乎从未做过挖掘。我个人最喜欢的一个可以免费使用却尚未得到充分开发的关键词搜索工具是 answerthepublic.com。它可以检索并呈现最常见的搜索字符串——其中包含了你给定的术语和一个疑问词（如“谁”“什么”“如何”或“何时”）。这个简单而快捷的途径可以让你了解消费者对于你的产品类别的真实想法。

举例来说，如果你输入的是“维生素”一词，那么你会发现消费者很少按照字母符号来查找维生素。事实上，他们是根据某种具体的功能——如有助于肌肉生长或让头发富有光泽——来查找适当的维生素的。这对于一家经营维生素产品的品牌商来说是一个有益的启示，因为它可以提醒该品牌商，其维生素产品的标签和包装上必须反映出所能解决的问题，而不仅仅是标明所含的特定维生素。

4. 观察数据并非十全十美

观察数据对于调查来说可谓“锦上添花”，但它们远非完美无缺，所以解读时仍须保持谨慎。

就以社交媒体的数据为例来做进一步阐述。品牌商会定期分析他们在脸谱网上粉丝的数据，以便了解他们的客户概况。但这些数据并不总能准确无误地反映出现实情况。斯蒂芬斯·戴维多维茨的一个研究案例便说明了，这种不相符的情形的确是存在的。他分析了美国女歌手凯蒂·佩里在脸谱网上的粉丝，发现这当中女粉丝占据着压倒性的多数。然而，在线流媒体音乐播放平台 Spotify 的收听数据却显示，实际男女性别比要相对更均衡：在男女听众评出的十佳艺人中，佩里均有上榜。如果这家音乐公司使用脸谱网的数据作为其广告投放的定位依据，那么结果势必会有很大的偏差。

这是否意味着，新的源源不断的数据流（data stream）形同鸡肋并最好加以忽略呢?

完全不是。观察数据可以对口头数据起到补充完善的作用，但它们并非没有缺陷。要想真正了解客户，我们就需要借助一种能同时利用多种方法的均衡式策略。如果每种方法反映出的情况都相同，我们对它的信任度就会随之增加。如果它们呈现的结果不一致甚至彼此抵触，那么我们就要构建一个假设，对其中的矛盾点做出合理的解释。

让我们回到凯蒂·佩里的例子。对于数据相互矛盾的情况，一个简单的解释就是，尽管男女都喜欢听她的歌，但乐意公开表达这种喜爱之情的女士远比男士多得多。如果某家音乐公司想要销售凯蒂·佩里的歌曲或刺激流量，那么Spotify的数据将是理想之选。但是，如果他们希望推广她的音乐会，则使用脸谱数据效果会更好。没有一组数据是放之四海而皆准的——它们的准确性是针对某些特定情况而言的。

但愿，学习这些有助于更好地分析客户诉求的方法，可以让你保持心情愉悦。但在高兴之余，你还要留个心眼。因为，你会更容易受广告主“甜言蜜语”的影响。我们将在下一章中找出这其中的原因。

偏差八——心境

根据消费者情绪进行广告定位的好处

你狠狠地撂下电话，嘴里忍不住飙出一句脏话。客户在电话会议上所提的要求完全不切实际。不，不能说不切实际，这是用词不当——应该说不可能办到。

你开始写一封电邮，表明你只能走回头路，收回先前表示赞成的意见。但是，正在气头上的你担心，邮件一旦发出就覆水难收，而且会让你追悔莫及。于是，你抓起衣服，准备到室外去透透气。也许，这可以让你的心情平复下来。

你噔噔噔地下了楼梯，穿过前台——与此同时你还在为那封电邮打着腹稿。非常不凑巧的是，当你气鼓鼓地走出大门时，你没能看见你的一位老朋友此刻就坐在前台区域。这可是你许久以来一直很想恢复联系、重拾旧好的那位老友。

阿姆斯特丹大学专注媒体和广告研究的弗雷德·布朗纳教授围

绕心境对我们的注意力的影响做了相关的研究。他先让 1287 个受试者随意翻阅一份报纸，然后回答问题——他们还记得哪些广告。

布朗纳根据受试者的心境对数据进行了分组，并最终得到了令人信服的结论。那些心情放松的受试者留意到了 56% 的广告，远远超过焦虑不安的受试者所留意到的广告的比例（36%）。与此类似，对于“这天过得非常美好”这一说法表示完全同意的受试者留意到了 46% 的广告。相比之下，对于这一说法表示完全不同意的受试者只记住了 26% 的广告。心境处于放松状态或情绪良好的消费者留意到广告的概率要大得多。

心境不光影响记忆

我和劳拉·麦克莱恩进行了一项实验，结果表明当人们心情好时，他们对广告的接受度就会增加。这项实验很简单，仅涉及两个问题。首先，我们给 2035 名受试者看了一则广告，并让他们说出自己有多喜欢这则广告。然后，我们又让他们对自己当时的情绪进行评价，评分采用十分制——最低为零分（惨透了），最高为十分（很快乐）。

实验结果具有统计学意义。当消费者感到快乐时（在表上打分为七分或更高），他们中 21% 的人喜欢这则广告。相形之下，在感觉不快乐（打分为六分或更低）的人中，喜欢这则广告的比例只有 13%。情绪对于是否喜欢广告的影响幅度达到了 62%。

我们实验所得的结果并非个案。雅虎曾让600个招募来的成年人用智能手机填写一周的日志，旨在对他们在此期间的情绪状况进行记录。这项实验揭示了一个事实：当消费者情绪较好时，他们对一般性内容的接受度会提高24%。雅虎英国董事总经理奈杰尔·克拉克森有如下阐述：

数字营销工作者都深知在合适的时机、通过合适的设备、触达合适的对象的重要性。但所谓“合适的时机”应该不仅仅限于他们浏览网页的那个特定时间点。我们还必须力求兼顾消费者的情绪因素。

但是，为何要让消费者能更加欣然地接受广告呢？诺贝尔奖得主、心理学家丹尼尔·卡尼曼对此现象给出了一个经过进一步改良的解释。当我们情绪饱满、心情愉悦时，通常我们身边不存在任何危险，因此批判性思维的必要性也就随之而减弱。这就是为什么每当我们感到快乐时，我们有效吸收广告信息的可能性便会大大增加的原因。

如何运用这种效应

1. 确定目标消费者时要找准他们心情愉悦的时机

既然人们在好心情时对广告的记忆效果更佳，品牌商就不应该错过这一时机。现实中有不少机会都可加以利用。首先，可以趁人们消遣娱乐时寻找并锁定目标消费者。一般说来，在影院观影的观众可能要比在上下班途中的通勤客心情更好些。

其次，找准消费者一天当中最愉快的那些特定时间点。举例来说，在 IPA 所做的一个精细化调查项目——“触点”（Touchpoints）中，5000 个消费者被要求以写日记的形式记录下自己的心情状态。调查结果显示，人们心情愉悦的时间段最有可能出现在周五到周日这三天之间，而这种愉悦情绪在周六达到了高峰——消费者在这天感到开心的可能性要比平常日子高出 40%。相对而言，在这些消费者感觉较开心快乐的时刻集中投放广告是一个简单易行的任务。

2. 将已知的心情愉悦的消费者锁定为目标对象

以上方法不免有些简略粗糙。它们的作用在于确定人们何时更容易感到心满意足，但却无法明确地识别出个体的情绪状况。

不过，这种情况开始有所转变。数字化信息提供的线索可以让我们知道消费者是高兴还是不高兴。比如说，就在最近，创造了士力架巧克力的公司开始根据消费者情绪来进行广告定位。他们相信，感到快乐、无聊或紧张的人更容易吃零食。通过挖掘谷歌广告服务器——“双击”（DoubleClick）捕获的数据，他们可以将这三种情绪识别出来。

其中一个研究领域格外有吸引力：它让网站能够根据我们移动

鼠标的方式对我们的情绪做出相应的判断。杨百翰大学信息系统专业的助理教授杰夫·詹金斯针对这个课题做了三项实验，共有 271 人参与其中。他的研究团队先设法控制住了受试者的情绪，然后当这些受试者浏览一个电商网站时便开始追踪记录他们滑动鼠标滚轮的方式。研究者发现，当受试者情绪不佳时，鼠标运动轨迹更多呈现出“犬牙交错”且变化突兀的特点。詹金斯断言：

采用这种技术的网站将变得“耳聪目明”，它们不仅可以超越单一的传递信息的角色，还能“感知”你的情绪。网站对于你所提供的信息，乃至你的个人感受都无所不晓。

3. 让你的信息与对方的情绪相匹配

情绪定位不仅仅是趁着消费者心情愉悦时触达到他们。有证据表明，如果所要传达的信息与观众的情绪相匹配，那么沟通效果将大大提升。2015 年，哥伦比亚大学商学院市场营销学教授基思·威尔科克斯以情绪一致性（mood congruence）为研究课题，对 142 位受试者做了一项实验。

为了诱发情绪，调查者先在两个视频剪辑中任选了一个给受试者观看——包括一部不带任何感情色彩的关于爱因斯坦的纪录片，以及 1979 年的电影《天涯赤子心》中令人心碎的一幕。在这两段视频剪辑之后，又分别放映了两则广告——其中一个活力四射，另一个则不温不火。当不同情绪发生冲突时，受试者对广告的注意力有所减弱。

对此，威尔科克斯做了进一步解释：

“当你情绪低落或感到悲伤时，高能的广告便很难入得你的‘法眼’。而你观看的时间越短，广告收效也就越低。”

无论在此项调查还是在其他五项类似调查中，威尔科克斯都发现，相对于那些能量“爆棚”的广告，被诱发了悲伤情绪的受试者对平淡适中的广告的好评率要高50%。这些实验都表明，广告主应该找出那些同他们的广告风格相一致的情绪状态。

给购物者一份好心情有若干办法，其中之一就是让他们觉得自己买到了便宜货。但到底什么才算是便宜货呢？正如大家将在下一章中看到的，一件商品是否被认作便宜货取决于拿它同什么作比较。

偏差九——价格相对论

变换比照标准，让你的品牌看起来物超所值

你感觉肚子有点饿，于是去特易购城市店（Tesco Metro）购买午餐。你走向卖炸薯片的通道，想找一包能够与同事一起分享的大袋薯片。泰瑞（Tyrrell’s）的盐醋味薯片是你的最爱，可是价格较高——相当于沃尔克斯（Walkers）薯片价格的两倍。但从另一方面说，后者吃起来不如前者爽脆。你前思后想了一两秒钟，然后你看到了特易购精品薯片。这个牌子的薯片比沃尔克斯薯片更脆，而价格则较泰瑞薯片划算。就选它了。

正如你在超市购买薯片的经历所揭示的，你不会孤立地评估各个选项。产品的冷热、长短、贵贱都不是绝对的，而是相较于其他商品而言。这种相对评价法甚至决定了我们看待事物的方式。

19 世纪 90 年代，柏林大学心理学教授赫尔曼·艾宾浩斯发现了一个著名的错觉现象。

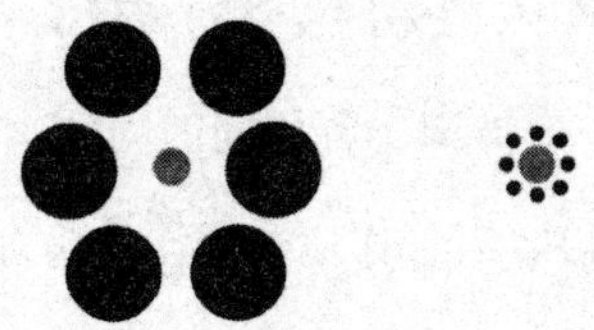

尽管两个图形中位于中心的圆点大小完全一样，但它们看起来似乎并不是这样。中心圆点的感知大小（perceived size）是由与之对照的参照物所决定的。把它同周围的大圆点作一比较，它看起来就很小；而要是同周围的“迷你”圆点相比，它又似乎很大。心理学家对包括这个在内的所有类似错觉都很着迷。例如，诺贝尔奖得主丹尼尔·卡尼曼在他早期的职业生涯中便对它们做了全面深入的研究。这个领域之所以引人注目，是因为不仅存在视觉错觉，而且还存在认知错觉。

超市货架上的价格错觉

我做过的一系列实验都揭示了一个事实：我们的大脑对于价值的认知具有相对性，正如我们的眼睛对物体大小的感知一样。过去几年中，我曾经让数千位消费者对为数众多、形形色色的品牌的价值做出评价，他们的回答无一不受到那些用作对比参照物的商品的影响。

在其中一项测试中，我告知消费者，一盒 250 克的 PG Tips 茶包的价格为 2.29 英镑，而同样分量的特易购自有品牌茶包的价格只有1英镑。在这一情境中，31%的受访对象认为PG tips茶包物有所值。然后，我又问了另一组被调查者相同的问题，但对所参照的品牌做了调整。我把用来同PG Tips作比较的特易购自有品牌换成了标价为3.49英镑的川宁（Twining's）茶包。在这个情境中，认为PG Tips茶包物美价廉的被调查者的人数比例翻了一番还多，达到65%。我在对不同品牌的冰激凌进行过测试后也得到了类似的结果。

我们的判断力带有相对性，这一点不仅仅体现在购买时花费心思最少的低价值物品上。在一项单独进行的调查中，我向被调查者介绍说，一辆福特蒙迪欧的价格为20495英镑，而一辆宝马5系的价格为30265英镑。在这一情境中，只有33%的被调查者认为宝马物有所值或是非常划算。接着，我又问了另一组类似的消费者同样的问题，但对其中一处地方做了改动。我把福特蒙迪欧换成了价格为118651英镑的宾利飞驰。在这个情境中，认为宝马物有所值的人的比例达到了47%。这一结果在我所测试的每一款车上都得到了验证：当与一个高价位的品牌比较时，即便是一款价格不菲的车看起来也更为划算。

一种更为彻底的调整

尽管我们已经知道，改变对照标准中的竞争对手产品可以促成人们价值认知的微妙变化。但我还是想探个究竟：同样采取这种办法是否也能改变消费者的支付意愿（willingness to pay）。

我在我的同事中间进行了一项实验，实验中用到了一种名不见经传的“眼镜王蛇”啤酒，它是“眼镜蛇”淡味啤酒的衍生版。这是一种产自印度的高浓度啤酒，其酒精度数达到7.5%，装酒的啤酒瓶容量为750毫升，与一个葡萄酒瓶相当。

这项实验需要借助一个小的“障眼法”。我跟我的同事们说，我们要为一位客户做品酒测试。于是，我分别组织了两轮品酒会，并将这款啤酒同其他六七种酒一起提供给大家品尝。受试者要对这些酒的口感打分，计分方式为十分制；同时，他们要说明，如果是在超市，他们对每种酒给出的心理价格是多少。

每一轮品酒测试中都有一个暗藏的玄机：“眼镜蛇”啤酒是与几种不同的精选酒一道提供的。这些酒有两类，一类是瓶装啤酒，另一类是葡萄酒。这些随附的酒对受试者给出的“眼镜蛇”啤酒的心理价格有显著影响。当随附的是瓶装啤酒时，受试者的出价为3.75英镑；而当与几种精选葡萄酒一道提供时，大家的出价上升至4.80镑，增幅达28%。

作为陪客的葡萄酒之所以增加了受试者的支付意愿，是因为它们给啤酒树立了一个完全不同的可资对比的参照物。花5英镑左右购买一瓶葡萄酒对于大多数人而言是可以接受的，但很少有人会赞同说，用相同的钱购买一瓶淡味啤酒是划算的。品酒过后，人们便各自在心里估算，自己会为这种“眼镜王蛇”啤酒掏多少钱。他们最先参考的是其他品牌的葡萄酒或淡味啤酒所对应的“基准价”。

购酒者不会盲目地死抱着基准价不放，但也不会偏离太远。

要让这种价格错觉为己所用，可考虑改换“眼镜王蛇”啤酒的产品包装，使其在视觉线索上更接近于葡萄酒，或是对其售卖场所做适当的调整。也许，可以将它摆在售卖葡萄酒的通道中。对于超市而言，更好的做法是开辟一个售卖 750 毫升瓶装高浓度啤酒的专区，以便确立一套新的定价标准。

如何运用这种效应

1. 改变你的竞品集合（competitive set）

品牌商千万不要默认其“天然”竞品集合是固定不变的。我所做的实验证明了，改变竞品集合可以产生可观的收益，而像是红牛和 Nespresso 这样的品牌商的实际经验更是为这种做法的可行性提供了佐证。

以 Nespresso 为例。该品牌销售的是与众不同的咖啡胶囊，其所含的咖啡量刚好可以泡出一杯咖啡。而正是由于 Nespresso 咖啡是以杯为单位销售的，我们可以将它同其他按杯售卖咖啡的店家，如咖世家（Costa）或尼路咖啡（Caffè Nero）加以对比。对照每杯价格 2.50 英镑的咖世家咖啡，单价只有 30 至 37 便士的 Nespresso 咖啡胶囊给人感觉是比较划算的。

但且慢，我们回头看一下它们在推出之初时的情况。如果

Nespresso采用标准包装售卖咖啡，那么其“天然”竞品集合就应该是其他烘焙和研磨咖啡品牌，如泰勒（Taylor's）咖啡或意利（illy）咖啡，而它们的价格应根据其他咖啡的定价标准——每半磅（227克）约4英镑来确定。倘若如此，那么即便他们烧掉数千万英镑的广告费，也永远无法说服消费者花34镑买一包1磅重（454克）的咖啡。不过，要将这价格34英镑1磅的咖啡按每克7便士——目前实际价格——售卖，那就另当别论了。

Nespresso并非孤例。不妨想一想，红牛是如何做到定价高出其他软饮料一截的。奥美互动副总裁罗里·萨瑟兰说：

可口可乐听装饮料的售价为每听50便士，而红牛如何能把售价定为每听1.50英镑？同样都是软饮料，但包装罐的“缩水”却不可思议地提升了价格的档次。随着红牛饮料包装上的改变，人们突然觉得这是一种截然不同的饮料类别，故而适用不同的价位。如果红牛饮料罐的大小与可乐罐完全一样的话，我不确定他们能否把售价定为1.50英镑。这在逻辑上讲不通，也无法通过调查来证实，因为在调查中我们都假定，我们不仅追求利益最大化并且都是超理性的。

酒类生产企业又如何能把同一品脱散酒没有任何区别的酒水卖出两倍的价钱，而它们所做的仅仅是将其灌入瓶中出售。

但遗憾的是，并非所有价格相对性的例子对于我们所谈论的品牌都有正面积极的意义。不妨看一下视频会议产品的情况。这里同样引用罗里·萨瑟兰的一段话：

视频会议产品没能实现“起飞”，这是因为人们对其带有成见，认为它是其他产品或服务——空中旅行——的廉价替代品。它就好比是英国航空公司飞机餐中用以代替天然黄油的人造黄油……视频会议产品需要“改头换面”，成为富人的一通电话，而不是穷人的一趟空中之旅。它应该安装在首席执行官的办公室而不是其他什么地方，而且绝不可以安装在地下室。

2. 推出高端产品线

相对于建立一套新的对照标准，一个比较简单的办法是对你自身的产品系列做适当的调整。推出一种高端的产品或服务可以确立一套新的对标基准，从而让你的其他产品线看起来物超所值。

阿莫斯·特沃斯基和伊塔马尔·西蒙森在 1993 年所做的一项实验对这种方法的有效性进行了量化。这两位斯坦福大学的心理学家对 221 位受试者进行了调查，询问他们倾向于购买哪款照相机。第一组受试者在两款照相机中间挑选：一款是标价 170 美元的美能达 X-370 型相机，另一款是标价 240 美元的美能达 Maxxum 300i 型相机。在这一情境中，选择每一款相机的人的比例大约各占一半。

第二组受试者则可以从三款相机中挑选：除了供第一组选择的

上述两款外，还有一款标价为 470 美元的美能达 Maxxum 7000i 型高端照相机。如果消费者选择商品依据的是纯粹的产品特性，那么一款新产品的推出就不应该改变已知两款相机之间的销货比。

但事实却并非如此。一个高端产品的推出改变了这种“平分秋色”的态势。价格居中的那款相机的人气明显上升——选择它的受试者的比例达到 57%，而相比之下，只有 22% 的受试者选择了最便宜的那款相机。

这种偏爱中间选项的情况可以说屡见不鲜。买家通常拿不准一件好产品应具备哪些要素——他们担心贵的东西标价过高，而最便宜的东西又有粗制滥造之嫌。中间选项则可以起到保护作用，使他们避开极端情形。

任何一个产品跨越常规和优质类别的品牌商都可以推出第三个高端产品选项——它将实现“华丽转身”，从最廉价的衍生版变为利润更高的高级优质品。举例来说，一家连锁咖啡店可推出一种较贵的混合咖啡——也许是烘焙师优选系列与一种非常昂贵的特藏咖啡的混合。

采用这种策略时，分寸尺度必须拿捏得恰到好处。在咖啡的例子中，判断该策略成功与否的标准应该是看销售额比重是否转移到利润较高的混合咖啡上。因此，即使在特藏系列上市后，连一颗咖啡豆都没卖出去，那也无关大局。

如果你打算利用价格相对性来影响消费者对你的品牌的认知，

那么品牌发布之日就应该是你着手实施的最佳时机，这其中的原因可以归于首因效应。这在心理学领域是一个早已得到公认的研究发现，即后续体验是由第一印象塑造的。我们将在下一章中深入探究首因效应。

偏差十 —— 首因效应

第一印象决定后续体验

在给自己选了一份三明治后，你突然想起来已经答应给你的同事汤姆和安娜捎带午餐。汤姆要的是一份打包牛排、一袋炸薯片和一听可乐，而安娜要的是加奶酪的法棍和一个苹果。可还有什么来着？你绞尽脑汁地回忆她当时点的是什么饮料，却又想不起来。于是，你便决定赌一把，拿了一瓶水。毕竟，她一直都在努力保持健康。

你之所以没能记住安娜所点的饮料，原因可能与她跟你叙述事物的前后次序有关。二十世纪最负盛名的心理学家之一，所罗门·阿希获得的论证表明，我们听取信息的先后顺序会影响我们对这些信息最终作何解读。

在 1946 年进行的一项实验中，时任布鲁克林学院教员的阿希就一个“无名氏”的情况向两组受试者做了介绍。他对 A 组受试者所做的描述（情形 A）是：此人头脑睿智、勤奋刻苦、容易冲动、爱挑剔、固执倔强且嫉妒心重。列在这个“性格清单”开头的都是正向特质，如头脑睿智；接着是中性化特质，如冲动性；最后则提到负面特质，如嫉妒心重。B组受试者听到的是同样的性格清单，但其内容的先后次序刚好颠倒（情形B）：妒忌心重、固执倔强、爱挑剔、容易冲动、勤奋刻苦和头脑睿智。

随后，两组受试者必须用自己的话来描述这个无名氏。那些最先听到正面个人特征的受试者更倾向于精心编制一段较为积极的描述。譬如，该组的其中一人是这么说的：

这个人头脑灵光、思维敏捷，而且幸运的是，他成功运用了自己的智慧。他那倔强、易冲动的个性也许可以解释为他坚持自己的想法和主张的外在表现，这也就是为什么当与别人存在意见分歧时，他从来都不会轻易地做出让步的原因。

与此形成鲜明对照的是，那些先听到负面陈述的受试者往往更多抱有批评态度。同样，一段引自其中一位受试者的话说明了这一点：

这个人身上的诸如勤奋、睿智等优秀品质注定会受其嫉妒心强和顽固执拗的拖累。此人容易感情用事。他之所以碌碌无为，是因为他性格脆弱、意志不坚，以至于让缺点掩盖了优点。

对于以上两种评述，阿希总结道：A组描述给人留下的总体印象是，这是一个有能力的人，虽然他有某些缺点，但是瑕不掩瑜。另一方面，B组描述给多数人留下的印象是，这个人“问题缠身”，严重的性格障碍会限制他能力的发挥。更进一步来说，有些个性（如易于冲动、爱挑毛病）在情形A中被解读成正向特质，而在情形B中却蒙上一层负面色彩。

阿希的实验还有一个定量环节。他让受试者从一个性格特征表（含18项）中找出他们认为该无名氏可能具有的正面性格特征。情形A中的受试者在这18项性格特征中的14项上都给该无名氏打了较高分数。例如，情形A中有52%的受试者认为，这个人应该比较慷慨大度，而B组中只有21%的人这么认为。

我们最早听到的信息所产生的影响力往往较大，阿希将这一现象称为“首因效应”。

70年过后是否仍旧适用

从现代营销人的角度看，阿希的实验存在两个问题。首先，这个实验是在70年前做的——第二次世界大战结束刚过一年；其次，它针对的对象是人而非产品。

正是出于这种考虑，我又对500位消费者做了一次调查。我告诉他们有一个虚构的酒类品牌——“黑羊伏特加”——据说很快将在英国上市。其中一半人是这样描述这款伏特加的：备受赞誉、清爽提神、令人满足、口感偏酸且比较寡淡。另一半人听到的也是同一组形容词，但其顺序被倒置，所以依次分别为：比较寡淡、口感偏酸、令人满足、清爽提神和备受赞誉。当消费者首先听到的是带有褒义的形容词时，他们给这款伏特加的评分就会高11%。

由此可见，阿希的研究发现仍适用于当下。

如何运用这种效应

1. 确保你先行一步

有几种理论可以解释阿希的研究发现，但它们之间存在矛盾之处。其中一个理论认为，由于我们的认知容量（cognitive capacity）是有限的，因此最早接收的信息内容会让我们的记忆陷入“饱和状态”，而我们存储晚些时候接收的信息的能力便会被削弱。赫尔曼·艾宾浩斯所做的研究为这个解释提供了佐证，我们在上一章中已就他的这项研究工作进行过讨论。他创造了一个短语“系列位置效应”，用以说明我们为何能够更容易地记住最先过目的表中所列项目，而不是在中间看到的那些。

如果你认可这个理由，那就应该从中领悟到两方面的教训。其一，在进行沟通的过程中务必要保持专一。倘若你的广告包含多条信息，那么你就会面临一个风险，即消费者的注意容量（attentional capacity）被说服效果最差的理由占据。其二，如果消费者面对的不仅有你的广告还有其他信息，那就必须保证他们最先看到的是你传递的信息——无论是电视插播广告还是杂志广告。这样做可以大大增加你的广告留存在他们记忆中的概率。

2. 确保你给对方留下尽可能深的第一印象

另一个同时也是阿希深以为然的解释是，开头的词语会营造一种主观印象，而后来的信息则要经过它的过滤。用阿希的话来说那就是：

最早接收的用语会在受试对象的头脑中确立一个方向，而它会对后来的用语产生持续不断的影响。当受试对象听到第一个词语时，首先会形成一个宽泛、尚未定型却具有导向性的印象（先入为主）。后续的特征描述并非“独具一格、自成一体”，而是同已确立的方向密切相关。对某一事物的看法一旦成形就立即趋于固化，而如果条件允许，随后的特征会被“对号入座”，以便与既定方向保持一致。

依据这个解释，有几点不同的建议可供参考。第一个建议是，品牌商可能过分执着于他们所传达的产品的确切特征。阿希的研究发现则提示，我们认定的品牌所具有的特性并不是独立存在的。如果某个品牌同一种正向特性产生了密切关联，那么这种特性就会影响到其他看法。

这一点背后暗含着重要的启示。它表明，品牌商不要太在意如何将自身同某个品类中那些被认为最重要的价值联系起来，而应该将注意力放在那些最容易形成关联的价值上。如果能够成功建立这样的关联，那么就可以在潜移默化中对其他看法施加影响。

第二个建议是，绝不能低估品牌发布会的重要性。阿希的实验已证明，最初印象会持续良久。最初印象一旦形成就很难被颠覆，因为后续印象的解读往往是以前者作为参考依据的。同样的道理也适用于广告主围绕某个新品牌所开展的沟通。如果他们在早些时候制造的印象较为负面，那么他们在而后的沟通中就必须花费九牛二虎之力才可能推翻先前的印象。正因如此，营销人员在制定相关预算时，要向品牌发布会重点倾斜。

3. 假品牌可助一臂之力

当我重现阿希的实验时，我虚构了一个叫作“黑羊伏特加”的假品牌。我让受试者看了这款酒的品牌宣传展示和一段宣布它在英国上市在即的广告短文。

我通常会在实验中用到虚构品牌，因为此法可以对调查工作起到“净化”效果。如果你围绕一个真实品牌向受试者提问，那么该品牌可能已经被他们打上了鲜明的个人情感的“烙印”。这意味着，要将你所测试的变量的效果抽离出来并单独加以分析，就变得愈加困难。你不妨自己试一试。

当我向消费者问及“黑羊伏特加”时，他们没有尝过这个产品。事实上，他们是根据相关描述对这款酒的品质做出预估的。这些预估之所以重要，是因为我们的实际体验会受到我们的期待体验的影响。这就是下一章所要讨论的重点。

偏差十一 —— 产品预期

对某个产品的期望如何影响其实际功效

在从超市回来的路上，你狼吞虎咽地吃掉鸡肉三明治和盐醋味薯片。在所有这些东西下肚后，你觉得有些无精打采。于是，你中途停下来，进了一家咖啡馆，准备买一杯“馥芮白”咖啡。由于临近周末，你决定犒劳自己一下，尝一尝他们用尼加拉瓜咖啡豆烘焙而成的咖啡。这种咖啡的价格要比普通混合咖啡贵 20 便士，但其味道要好出一大截，所以多花钱也是很值得的。

这种高价混合咖啡难道真的口味更胜一筹，还是说这无非就是你的主观感受而已？尽管很难提供一个完美的解答，但这种咖啡之所以口味上乘，其相当一部分原因在于你的期望值更高。你所体验到的其实是你所期望体验到的。你期望品尝到更可口的咖啡，所以这种咖啡喝起来就更香。

这并不是什么毫无根据的凭空臆测。2006 年，康奈尔大学从事行为与营养科学研究的教授布莱恩·文森克在伊利诺伊州厄巴纳市的比维尔自助餐厅进行了一项实验，对这种偏差效应进行了量化。他跟顾客说，自助餐厅正考虑在菜单上增加一道布朗尼蛋糕，而如果他们回答两个简单问题就可以免费试吃一份蛋糕样品。第一个问题是，下次来餐厅用餐时，他们愿意花多少钱买这款布朗尼蛋糕；第二个问题是，他们如何评价这款蛋糕的味道。

他总共分发了 175 份布朗尼蛋糕：每份都同样大小，采用同样的配方，甚至连撒在蛋糕表面的糖霜都完全等量。不同之处在于，提供顾客的蛋糕分别用三种器具盛放：纯白瓷盘、纸碟或餐巾纸。

由于蛋糕本身都是完全一样的，因此评分或估价的任何差异都应该是盛放蛋糕的形式所致。结果，放在餐巾纸中的蛋糕所得到的评价为“尚可”，在纸碟上的蛋糕为“好”，而放在纯白瓷盘上的蛋糕为“非常好”。这种差异化在价格上表现得甚至更为明显。顾客对放在餐巾纸中的蛋糕给出的心理价格为 53 美分，对放在纸碟上的蛋糕为 76 美分，对放在纯白瓷盘上的蛋糕为 1.27 美元。这相当于在蛋糕原本价格基础上翻了一番——而这仅仅是因为在呈现形式上下了更大功夫。

从布朗尼蛋糕到酒品

布朗尼蛋糕固然让人垂涎，但它们并不在广告费用高昂的消费品类之列。我想对文森克实验进行测试，以确定其能否得到更广泛的应用——尤其是否适用于酒类品牌。安娜·坎德萨米、斯宾塞·科里根和我走遍了伦敦，邀请在公园散步走路的人品尝淡味啤酒样品。品酒者试饮的酒水分别装在三种不同的器皿中——塑料杯、普通玻璃杯、专用的有品牌标识的玻璃酒杯。我们所得到的结果与文森克实验如出一辙，提供酒水的方式对酒水的口味产生了影响：方式越好，口味也就越好。

这项实验从根本意义上证明了，为制造盛装酒水的专用玻璃器皿而投入数百万英镑是正确合理之举。但是，那些细微差异仍旧是人们的兴趣点所在。这种偏差效应的作用大小与品牌声望成反比。如果饮酒者非常熟悉这个品牌，那么他们对用什么器具喝酒的相关体验就只占他们品牌知识的一小部分，因此其影响力也就一般。相比之下，当饮酒者喝的是某款不为人所知的品牌时，酒水盛放方式在消费者知识中所构成的比重就会明显增加，其产生的影响力也就会相应地变大。对于较小品牌而言，带有品牌标识的玻璃器皿具有更大价值。第二个发现是，如果饮酒者不喜欢某个特定品牌，那么当他用一个带有该品牌标识的玻璃杯喝淡味啤酒时，那些不好的联想会被放大强化，进而破坏酒水的口感。

如何运用这种效应

1. 卖相与产品同等重要

产品期待所产生的价值并不亚于产品本身。与此对应的便是多种机会选择。最实在的做法莫过于，把你投入在产品上的时间和气力，一点不少地用在看得见、摸得着的品牌外观形式上。如若不然，你就会面临这样一种危险：产品无法得到消费者足够的赏识，其潜在价值得不到充分体现。

遗憾的是，有人总抱着一种僵化的思维方式，他们对于将外观形式作为价值源泉的观点存在深深的怀疑。这一点在拉尔夫·瓦尔多·爱默生的身上得到了最生动的体现，这位美国思想家、文学家对那些在他看来的所谓“华而不实的东西”深感不以为然：

> 如果一个人写出了一本更好的书，讲道理讲得更精彩，或是制作的捕鼠器比他邻居做的更好用，那么即便他把自己的房子建在树林中，世人也会蹚出一条通往他家门口的路。

此言差矣。最好还是听一听奥地利经济学派的领军人物路德维希·冯·米塞斯是怎么说的吧。他说：“如果你经营一家餐厅，那么烹饪食物所产生的价值与打扫地板所产生的价值之间就没有孰优孰劣之分。”

2. 为什么说好的文案就好比是一个精美的瓷盘

产品的呈现力不仅仅限于物质层面。我们还可以借助恰当的影像或文案来构建一系列的正向期待。

围绕这一课题，布莱恩·文森克又进行了一项实验。该实验是2005年在一所大学的自助餐厅完成的。实验持续了6周，目的在于对修改菜单上的菜品名称所产生的影响力大小加以量化。“红豆米饭”更名为“卡真风味红豆米饭”，“铁板海鲜”变成“美味多汁意大利式铁板海鲜”，“巧克力布丁”更新为“丝般爽滑巧克力布丁”。除了菜名有改动外，其他没有任何变化。140个参与调查的学生分别试吃了带普通标签的食物和带更具描述性的标签的食物。然后，他们对菜品的味道和吸引力进行打分，评分采用9分制。

加以简单描述的菜肴的味道和吸引力的平均得分分别为6.83和5.87。与之相比，描述上下了更多功夫的菜肴的味道和吸引力的平均得分分别为7.31和6.66。细致化的描述使得菜肴的味道和吸引力的平均分数分别增加了7%和13%。

标签描述提升了期望值，而期望值的提升又让食物的口感体验变得更好。正如用精美的瓷器盛放食物一样，更加优秀的文案也能起到相同效果。

3. 始料未及的后果

由品牌而生的期望不一定是品牌所有者合意的期望。消费者并不处于被动位置。他们带有各种各样的偏见和成见，而他们在解读品牌所传达的信息时会受到这些偏见和成见的影响。这往往导致始料未及的后果。经过精心挑选、用以描述某个品牌的辞藻在营销人员的头脑中可能会激发一组特定的联想，但在消费者的脑海中浮现的却可能是另外一番情形。

不妨以绿色商品为例来做进一步探讨。瑞贝卡·斯特朗和我做了一项实验，旨在对把洗衣机用的洗衣片归为“环保型”商品所产生的影响进行量化。我们给一群消费者寄去了同一类型的洗衣片。在洗了一大堆衣物后，他们再将这种洗衣片的使用效果反馈回来。我们在实验中使了一个“小手段”：我们对一半受试者说，他们试用的是一种超市售卖的普通洗衣片；而对另一半受试者说，他们试用的是一种绿色环保版的洗衣片。

同样，这项实验中也有一个“障眼法”。我们并没有直截了当地问消费者，他们是如何看待绿色商品的，因为他们一般都会发出积极正面的言论。事实上，我们在控制条件下对受试者在测试过程中的行为表现进行了监测。

结果可以说是一目了然。在所有评测指标上，那些使用过绿色环保版洗衣片的受试者都打了较低的分数。

在实际效能和好感度这两项上，受试者对环保洗衣片的评分低了9%；而愿意推荐和有意向购买环保洗衣片的受试者的人数分别比愿意推荐和有意购买普通版洗衣片的受试者的人数少了11%和18%。

尽管环境友好型产品通常价格相对较高，但试用过环保洗衣片的消费者给出的平均心理价格仅有4.41英镑，而试用普通洗衣片的消费者给出的心理价格为4.82英镑。之所以如此，是因为消费者相信，产品特性是“此消彼长”的，也就是说环保特性的改善必定会以牺牲清洗效果为代价。对于任何一个有意打“环保牌”的品牌商来说，这都是一个值得关注的问题。倘若涉足此品类的品牌商要将环保型产品顺利销售出去，他们就必须想方设法消除与该产品有关的消极负面的联想，或者不惜砸重金、下大力，以树立清洁效果毋庸置疑的品牌形象。

这一实验结果不仅仅限于绿色商品，而是有着更广的适用范围。有鉴于此，你需要对与你的市场定位策略相关的那些期待做仔细的研究。无糖、低醇、生态友好，这些特性在你的头脑中可能是完全积极正面的，但消费者对此的想法又究竟是怎样的呢？在举办一场花费高昂的发布会之前，你应该先进行一系列测试和对照实验——正如瑞贝卡和我做的那个实验一样，以便冲刷掉“杂质”，让真实的东西显露出来。

不幸的是，我们很难让消费者相信，他们关于绿色食品或低醇啤酒的主观臆断其实是错误的。一旦某个想法在头脑中扎根，要想改变它可谓难于登天，而这背后的原因就在于情绪偏差。在下一章中，我将探讨这个问题以及你可以采取什么办法来避免这种情况……

偏差十二——情绪偏差

情绪偏差的危险及如何加以避免

伊娃是你的一位同事。真是应了“未见其人，先闻其声”这句话，她神气活现地在办公室里兜来转去，手里拿着一个马口铁罐并不停地晃动着。她正在为自己即将参加一场马拉松公益跑活动拉赞助。她的这种利他主义给你周围同事留下了深刻印象。但她的所作所为没有骗过你，哪怕片刻。显而易见，这是她为了博得大伙儿的喜爱而使出的一个伎俩。

种种迹象表明，你受到了情绪偏差的影响。你之所以处处怀疑伊娃行为背后的动机，是由于她在你之前得到晋升，而你会透过一副“滤镜”——已经存在的情绪——对其动机加以解读。

要追溯情绪偏差证据的源头，就不能不提阿尔伯特·哈斯托夫和哈德利·坎特里尔所做的实验。两位心理学家围绕一场发生在两个针锋相对的“老冤家”——普林斯顿大学和达特茅斯大学之间的美式橄榄球赛进行了研究，并从中找到了情绪偏差的证据。这场比赛，借用他们的话来说，从头到尾都充斥着“粗野行为”——而这还是比较温和的说法。事实上，在这场比赛中，普林斯顿大学的四分卫断了鼻梁，达特茅斯大学的四分卫甚至折了一条腿。

这场恶战“余波未平”：两位学者向普林斯顿大学和达特茅斯大学的324名学生播放了比赛片段，并让他们统计各支队伍犯规的次数。所得到的结果为这项研究中的假设“盖棺论定”——受试学生发现对手犯规的概率两倍于本队犯规的概率。因此，我们便不难得出结论：比赛与观众之间隔着一副“三棱镜”，即对己方的忠诚感。

适用于橄榄球比赛的也同样适用于政治

这项实验在历史上并非特例。2005年，在英国大选期间，珍妮·里德尔和我调查了1004位具有代表性的选民，旨在了解他们如何看待将增值税（VAT）调高1便士，以便为新增的10000名护士提供薪酬待遇。由于受试者所持的政治立场存在差异，调查结果出现了分化。给调查设定的转折点是：一半受试者已经知晓，这是一个保守党制定的政策；而另一半受试者被告知，这项政策是由工党提出的。

当工党的支持者得知这项政策出自自己所属的党派时，他们便给予了强有力的支持：14%的人表示完全赞同。然而，当这项政策被描述成是保守党提出的，支持率便骤降至3%，还不及原先支持率的四分之一。与此类似，在支持保守党的选民中，当该政策被认为是出自自己所属的党派时，它的好感度就会多出三倍。测试效果的反差如此强烈，这也就意味着，政策所具有的影响力远不及政治立场来得重要。

为什么说这关乎于你

这些实验证明了，负面看法一旦形成便难以扭转。那些否定你品牌的人之所以很难被说服，是因为他们是透过消极的情绪“滤镜”来解读你的信息的。

这就如股票市场的传奇投资者查理·芒格所言，他说：人的大脑很像是人的卵子，人的卵子有一个“关闭”机制，当精子进入后，它就立即“关闭”，这样别的精子就进不来了，人的大脑也明显带有这种倾向。

如何运用这种效应

1. 确定谁是最合适的目标对象

面对有限的预算，你应该将资金重点用于那些能产生最大影响的方面。也就是说，你要设法避开那些有排斥心理的人（rejecter）。我给这个方法起了一个名字，叫作“营销鉴别分类法”（marketing triage），它取自时任拿破仑军队首席外科医生的多米尼克·让·拉雷发明的一套医疗救治程序。拉雷命令他手下的外科医生将送进来的患者分成三类（triage 是个法文单词，意思就是分类）：

1. 那些无论是否接受救护都可能存活下来的人；

2. 那些无论是否接受救护都不可能存活下来的人；

3. 那些有可能通过即刻医疗救助转危为安的人。

同样地，营销人员也应该把他们的沟通对象划分为三类：

1. 那些无论沟通效果如何都可能购买的人；

2. 那些无论沟通效果如何都不可能购买的人；

3. 沟通有可能在他们身上产生效果的那些人。

我们在开展营销活动时，应该坚持把工作重点放在最后这一类人身上。这听起来似乎是一个再浅显不过的道理。但以我同一些品牌商合作共事的经验来看，这一原则几乎从未在实践中得到运用。

尽管如此，我们有充分合理的理由避开有排斥心理的人——因为情绪偏差意味着，要使他们信服就必须付出非同寻常的努力。

同理，重度购买者可予以忽略。较高的购买频率意味着，他们可以经常性地接触品牌的包装、网站和商店。这些接触点对于品牌认知的成形就显得格外重要。拜伦·夏普的研究表明，重度购买者给营销工作提供的预留空间十分有限。如果买一听可口可乐已经成了你的例行日常，你还能剩多少胃口呢？最后，这些消费者对于你的广告的兴趣要远超普通人，故即使广告战役针对的是其他目标受众，他们也会表现出极大的兴趣和好奇。

只有把注意力放在那些半心半意的消费者身上，沟通工作才会做到有的放矢，投入的时间和金钱才能花在刀刃上。只要做到这点，对于更多的品牌来说，保持持久的影响力都将是一个负担得起的选项。

2. 找准与心理排斥者进行沟通的时机

当然，总有一些个别场合，你无法避开心理排斥者。但面对这样一个人数众多、影响力大的群体，忽视他们的声音或许会给品牌的前途造成危害。在这种情况下，趁他们注意力分散时对他们做有目的的沟通不失为一个解决之策。

这是不是有悖于直觉？也许是。然而，支持这一策略的实验证据却是源自于20世纪最伟大的心理学家之一利昂·费斯汀格。

1964年，斯坦福大学的两位学者——费斯汀格和内森·麦考比——招募了若干大学兄弟会的成员参与一项实验。他们给这些学生播放了一个音频素材，内容是关于兄弟会为何无德无义的辩论。这段录音是在两个不同的情境下播放的：受试学生要么只听到单独的录音，要么在听录音的同时还观看了一部无声电影。

在学生听过录音之后，这两位斯坦福大学的心理学家向他们提出了相关问题，以确定他们的立场变化有几何。结果表明，那些在看默片的同时还听录音的学生更容易改变他们原本的看法。

两位心理学家提出的假设是，大脑善于形成反驳论据（counter-argument）以维护其现有的观点。但当大脑的注意力被分散时，这种反驳抗辩的能力便会受到束缚。换言之，当我们在同一时刻专注于多件事时，我们就更容易被说服。

由此得出的一个明确教训是，可以趁着心理排斥者的一部分思想不集中的时候，对他们开展有的放矢的沟通。正如1978年诺贝尔经济学奖得主赫伯特·西蒙所指出的，我们生活在一个信息量极其丰富的时代。他还说：信息所消耗的东西是显而易见的，即接收者的注意力，因此，丰富的信息可以导致注意力的缺乏。

即便是电视这样，通常构成注意力唯一焦点的媒体，媒体策划者也能找到适当的节目和时间段——受众可能在该节目或时间段中透过“第二屏幕”（second screening）收看。根据尼尔森市场调研公司所做的全球AdReaction研究，在能够接触到多种视听设备的受众当中，他们边看电视边用另一种设备的时间平均占到电视收视时长的35%。最适合触达第二屏幕收视者的要么是那些社交性质的节目，要么就是低参与度节目，比如日间电视节目。

媒体策划者所抱有的坚定信念之一就是“注意力为王”，但这并非是一条放之四海皆准的原则。汇聚注意力的时刻往往意味需要支付高昂的额外费用。举例来说，影院广告或许是受关注度最高的媒介，其收费相当于电视广告费用的五倍。当人们的注意力分散时，不失时机地进行有的放矢的广告投放，你就能得到双倍收益。

3. 如何争取心理排斥者的支持

当受到直接的质疑时，大脑会“批量”生成反驳论据，对此我们最好能事先加以避免。故而可以采用较为巧妙而婉转的暗示。这种方式不会让大脑产生被人说服的意识，偏差也就无法被触发。

英国航空公司广告很好地诠释了微妙暗示所具有的渗透力。自1989年以来，该公司便选中法国作曲家德利布创作的歌剧《拉克美》中的咏叹调《花神二重唱》作为其广告配乐。倘若英航不加掩饰地声称它们走的是奢华路线，那么根据费斯汀格的理论，消费者便会在记忆中搜索那些反驳性的论点和论据。但如果对这个诉求点并未做明确表述，那么引起情绪偏差的大脑功能便不会被激活。事实上，《花神二重唱》的美妙旋律可以让人浮想联翩，使得英航的奢华品牌定位被“润物细无声”地浸入受众的内心。

有鉴于此，广告主可以有两种选择。值得推荐的做法便是，运用营销鉴别分类法，且不要把心理排斥者和重度购买者当作营销沟通的目标对象。

另一个较为冒险的选项是，趁对方分心的时刻，或利用旁敲侧击的方式和不经意的琐碎细节，让抱有抗拒心理的受众改变原有的想法。最终，这一选择是果断还是鲁莽，是勇敢还是蛮干，就要看它执行的情况和效果了。

那些根深蒂固的观念之所以如此难被改变，是因为大多数人都对他们的能力过于自信。人们往往自认为比一般人聪明，因此便普遍存在一种忽视别人提出的相反意见的倾向。过度自信的偏差就是下一章的主题。

偏差十三——过度自信

一种让营销人员和消费者都深受其害的偏差

你收到老板的一封电子邮件，内容是对你在下周年终考核的时间安排。为此，你动笔记下了今年顺利完成的项目。在你看来，这就是一份令人印象深刻的“成绩清单”。也许，今年你该再多争取一下升职加薪的机会？毕竟，你在所属的工作岗位上要比大多数同事干得好得多。

认定自己高于平均水平的并不止你一人。多数人都相信自己高人一筹。戴维·邓宁和贾斯汀·克鲁格对这种倾向进行了研究，而他们实验的灵感源泉是我最津津乐道的一个心理学故事。

1995 年 4 月 19 日，一个叫麦克阿瑟·惠勒的人抢劫了匹兹堡市的两家银行。“遗憾”的是，仅仅过了数小时，他便落入法网。为什么在如此短的时间里他就被缉拿归案？原来，惠勒是在光天化日之下抢劫这两家银行的，更糟糕的是，他甚至连面具都没有戴。

现场的目击证人肯定不少。可究竟是何原因导致他产生这种明目张胆、鲁莽愚蠢的犯罪企图？答案是，他误以为他的脸可以隐形——因为他在脸上抹了柠檬汁。在他看来，既然柠檬汁可以做隐形墨水，那当成“隐身药水”用在皮肤上又何尝不可呢？

这则滑稽可笑的故事中所呈现的愚不可及的莽撞行为引起了邓宁和克鲁格的兴趣。这个银行抢劫犯凭什么认为，他能够逃避抓捕呢？

这不禁让他们思考，盲目自信是不是一种普遍现象——假如其表现形式不是如此极端的话。为了验证这一假设，研究者让招募来的 194 名学生接受一系列的逻辑和语法测验，然后各自就自己与同窗的成绩做一番比较。

正如惠勒阐述的那样，但也许程度上没那么夸张，受试者对自己的成绩所做的判断与事实有较大出入，并且他们明显高估了自己的能力。例如，在语法测验中，受试者估计他们的成绩应该大致排名在前 32% 里——好于班里的其他的三分之二的学生。在实力最弱的学生中，其预估的成绩与真实成绩的出入最为明显。成绩排名垫底的四分之一学生估计，他们的测验分数应该排名在前 40%（高于一般水平 61 个百分点）。

在很多情况下，人们都会出现过度自信。1981 年，斯德哥尔摩大学的一位心理学家奥拉·斯文松发现，88% 的司机认为他们的驾驶安全系数要高于一般水平。这种认知偏差甚至会累及那些本该意识到过度自信危害的人：K.帕特里夏·克罗斯于1977年所做的一项研究发现，在内布拉斯加大学，超过90%的教师都认为他们的教学质量高于平均水平。

如何运用这种效应

1. 提防过度自信

学术研究的意义并不在于嘲笑他人的愚蠢。我们所有人都或多或少地受到过度自信的影响。为了对营销领域中这个问题的大小进行量化，我专门做了一项实验。我调查了117名代理商的员工，除了问及一些工作琐事，我还问了与同事相比，他们在各自工作岗位上的表现如何。结果，83%的人声称他们要高于一般水平，而这并不是孤例。此实验我总共做了三次，每次我所得到的都是相同的结果。

过度自信对于营销人员也并非没有害处。我已经发现了两种负面影响。

第一种影响是在预算的制定上。如果你认为你的下一个广告创意会比竞争对手更出色，那么随之而来的诱惑就是缩减媒介开支，使之低于竞争对手。要知道，更犀利的广告创意能够以相对较少的预算产生与平庸的广告创意同样的影响力。这可能会为你节省出可观的费用。

但是对于这种过度缩减预算的诱惑，必须要加以抵制。因为，你的下一个广告战役很有可能沦于平庸。（如果有异议，不妨重读一遍本章开头部分。）倘若你制定的预算不足以应对实际需要，你就可能作茧自缚，与成功失之交臂。

其次，还有一个过早抛弃那些成功的广告宣传战役的问题。很多辉煌一时、让对手相形见绌的广告品牌最终都光彩不再。虽然它们仍能胜过竞争对手，但已不像鼎盛时期那样无出其右。这个时候，人们往往便开始讨论开辟一条新的创意路径。

我在两个品牌的广告战役中亲眼看见了这一情形，它们分别是查号台 118 118 和哈利法克斯苏格兰银行。两个品牌在 21 世纪初掀起了极富成效的广告战——哈利法克斯苏格兰银行广告中那个一展歌喉的银行经理霍华德和 118 118 查号台广告中的送信者都成了家喻户晓的人物。他们的广告均荣膺 IPA 广告金奖。然而，随着时间的推移，这两则广告效果逐渐减弱。尽管他们的创意仍旧优于对手，但营销团队深信，只要确定一个新的创意方向，他们便可以效仿最初的成功经验。不过让两个品牌商感到非常失望的是，新的广告战的结果最终都是不如人意。

如果你现有的广告文案在平均水平之上，那就最好“物尽其用”，而不要白白浪费掉它的价值。正如罗里·萨瑟兰所言：“你能否对一个受到重创的品牌指手画脚地说，‘它失败的原因就在于，恪守相同的策略和创意方式的时间太久；改弦易辙的次数太少；没有放弃原来的底线。’”

2. 过度自信的问题日渐严重

如今，营销人员所拥有的消费者数据比以往任何时候都多。面对汹涌而来的信息洪流，营销人员大都乐于接纳，但这也带来了不利的一面，即信息量的增长反而加重了过度自信的偏差。

俄勒冈大学心理学教授保罗·斯洛维奇对数据增多引起的问题进行了研究。他的实验对象是负责设置职业赛马障碍物的人员。实验中他们得到一份包含 88 个变量的清单，这些变量可以用于预测一匹马的表现。随后，受试者除了要对比赛结果做出预测，还要表明对自己的预测有多大信心。他们利用几组信息量不等的数据——分别为 5 个、10 个、20 个、30 个或 40 个变量——重复进行了这项实验。

实验结果很有启发性。无论变量使用多寡，预测的准确度都是一样的。然而，随着变量数的增加，受试者过度自信的倾向就愈加明显。对于那些价值有限的因素，这些专业人员对它们的重要性估计过高。只有在使用 5 个数据点的情况下，受试者对自己预测准度的信心才相对比较客观。

营销人员面临着一系列类似问题。他们所能获取的信息量多于以往任何时候，不少人就觉得，现成的信息应当加以利用。但要从斯洛维奇的实验来看，其实不然。不能仅仅因为我们可以，就理所当然要将所有数据都派上用场。事实上，我们应该花费均等的时间，来选择哪些数据可以使用，哪些数据可以忽略。

3. 把消费者的过度自信偏差转化为一个对你有利的条件

过度自信不单单是营销从业人员的“专利”：它在普罗大众中也并不罕见，但同时这也蕴含着一个机遇。既然多数人都认为自己在一般水平之上，那么某个把树立典型行为作为沟通目标的品牌便可借此鼓励人们超越现有的标杆。

我们以慈善捐助为例对此加以阐述。我在对 521 人做过相关调查后发现，64% 的受试者认为，他们比同侪更加乐善好施。慈善机构在做潜在捐赠者的工作时，可把一般捐赠水平作为标杆，以此来激发他们超越的渴望。如果不给捐赠者树立一个更高的标杆，那么他们认为自己乐善好施的底气又会从何而来呢？

过度自信产生的危险之一就是，我们对于自己抱有的信念太过笃定。也就是说，我们对这些信念发出的质疑力度还不够，以至于长久以来我们都一直抱着错误的想法不放。在下一章中，我们就将探讨这样一个有缺陷的营销信念——品牌宗旨（brand purpose）。

偏差十四——期望

有时，我们看到的只是我们想看到的东西

上周，你的团队为准备提案忙得不可开交。眼看他们的精力日渐消退，你一时心血来潮，决定出去买些吃的犒劳他们。于是你沿原路折返，向买过午餐的那家超市走去。正当你琢磨着什么甜食最受欢迎时，你忽然发现前方便道上有一张皱皱巴巴的 5 英镑纸钞。

为抢在别人之前捡到那张钞票，你小跑快跑轮番交替。然而，当你俯身拾起那团纸时，才发现自己搞错了。原来，那不过是一张小广告。

我们所感受到的和觉察到的并不是对物质世界的客观反映，这是“新看法”（New Look）心理学派早在20世纪40年代便提出的见解。

哈佛大学的两位心理学家，杰罗姆 · 布鲁纳和塞西尔 · 古德曼在 1947 年所做的一项实验表明，我们所看到的事物在一定程度上反映出了我们内心的欲望。在这项实验中，他们把 5 枚不同面额的硬币给受试儿童看，并且一次只让他们看到一枚。每次看过后，受试儿童都要对一台投影仪打出的光束进行调整，直至其形成的光斑大小与硬币大小完全一致。接着，实验者又让另一组儿童重复了一遍实验过程，但这次所使用的“道具”变成了与硬币同样大小的灰色瓦楞纸做成的圆纸片。

那些看过圆纸片的儿童高估了硬币的实际尺寸，但平均只高出 1.7% 而已。相比之下，那些看过真实硬币的儿童的高估幅度有 27%。据此，心理学家做出推断，儿童希望得到硬币——这种欲望使硬币在他们眼中被“放大”。他们的这一推测得到了另外两个发现的证实。首先，夸大的严重程度随着硬币面值的增加而大体呈升高趋势。例如，儿童对 1 分硬币的判断偏差率为 17%，而对 1 角硬币的判断偏差率则有 29% 之多。

他们进而根据儿童的家境殷实程度对数据进行划分，并从中得到了最具决定性的证据。他们分别从波士顿的贫民区和富人区招募儿童参与测试，且人数各占一半。来自贫穷家庭的儿童对硬币尺寸的高估幅度为 37%，而来自富裕家庭的儿童把硬币尺寸夸大了 17%，前者是后者两倍还多。对于这一结果，他们给出的假说是：金钱对家境较为贫穷的儿童的意义更为重大，因此他们对硬币尺寸的夸张度就相对比较大。

在这项实验之后的若干年里，心理学家逐渐开始接受这样一个结论：人们并不是被动地记录现实。他们把这种行为表现称作“期望见到”（wishful seeing）。针对营销界为何热衷于品牌宗旨这一问题，又如何用“期望见到”这个认知偏差来加以解释?

“期望见到”对于广告业务有着巨大而深远的影响。一直以来，广告代理商始终摆脱不了一项“罪名”，即他们努力推广的广告理论都是他们一厢情愿、凭空臆造出来的“空中楼阁”，而并非真正的真理。在这个问题上，没有比品牌理念或品牌宗旨更好的例子了。

过去五年中，品牌宗旨已经成为广告业最广受推崇的理念之一。它的根本思想是，品牌制胜的关键就在于是否拥有一个超越利润的目标。《营销周刊》以直言不讳著称的专栏作家马克·里特森教授更是称之为一个“把清规戒律送入碎纸机的主张”。

支持品牌宗旨源自《增长：理想如何驱动世界最伟大的公司的增长和利润》这本书。此书作者为宝洁公司前首席营销官吉姆·斯滕格尔。在得出这一结论之前，斯滕格尔从 Millward Brown 市场调研公司涵盖了五万家企业的数据库中挑选出忠诚度和凝聚力得分最高的 50 个品牌。这些表现最抢眼的企业被称为“斯滕格尔 50 强”。然后，斯滕格尔努力寻找一条将这些品牌联系起来的纽带。最终，他找到了所谓“品牌理念”这一概念，即企业里每一位员工所共有的谋求生活不断提升的初衷。

接下来，他又调查了这些被选中的品牌在 2000 年和 2011 年间的股票市值的增长情况。正是基于“斯滕格尔 50 强”的增幅达到 393%，而其对标的标普 500 指数在同期减少了 7% 这一事实，他宣称品牌理念可以推动企业走向成功。品牌理念被认为不仅仅能够驱动增长，而且还会带动企业的业绩达到令人难以企及的高度。

这本书在业界产生了巨大的影响力。WPP 集团首席执行官马丁·索雷尔称他对此书“心服口服”。而权威管理学家汤姆·彼得斯更是对此书赞佩有加，他称其为一部“具有里程碑意义”的著作。此书之所以有如此大的吸引力，部分原因就在于它提供了一条简单的成功秘诀——一个不论品牌或品类有何细微差异，都能发挥作用的现成的解决之道。这对于那些时间紧张、为应对不确定状况而使尽招数的管理人员来说无疑是一个福音。除此之外，还有比这更重要的一个原因：它给予了广告事业一种精神上的指引，而那些在职业生涯中追求更深层次人生意义的从业者则将它视为一个极具吸引力的愿景。

然而，正因为广告主迫切希望这个理论是千真万确的，所以他们会忘记去检验它究竟是否正确。也就是说，他们全体沦为了“期望见到”认知偏差的牺牲品。

如何运用这种效应

1. 不要想当然地认为，品牌宗旨可以让你的营销问题迎刃而解

在探寻品牌宗旨之前，你应该先仔细检验斯滕格尔的研究发现。我建议做四项测试：

① 实验数据是否准确无误

② 该策略是否可以预测未来，而不仅仅是追溯过去

③ 那些跑赢股市大盘的品牌是否是因为一种理想而联系起来的

④ 抱有理想的品牌是否胜过没有理想的品牌

我们不妨更详细地来了解一下这些测试。

（1）数据是否准确

用作分析的相关数据必须准确无误，这是一个最起码的要求。斯滕格尔挑选的那 50 家公司的股票涨幅达到 393%，而这构成了他的参考数据的核心。但这些数据与实际情况并不完全相符。其中涉及的有些企业，如阿联酋航空和韦格曼斯食品超市（Wegmans）属于私人持股公司，也就是说，它们的股票是没有股价的。

“斯滕格尔 50 强”中的其他品牌，如石田农产（Stonyfield Farm）、Innocent 果汁和帮宝适的股票同样没有股价。它们分别隶属于规模大得多的上市公司旗下——达能食品集团、可口可乐公司和宝洁公司。以石田农产为例，它在 2014 年对达能集团的营收贡献占比还不到 2%。在这种情况下，你还能说达能集团股价上涨要归功于它旗下股份占比仅 2% 的品牌所抱有的理想吗?

斯滕格尔所犯的最严重错误是他在选择这 50 个品牌时以偏概全。他从 Millward Brown 包含有 5 万家企业的数据库中只挑出了那

些业绩表现最好的公司。它们都是名副其实的千里挑一的品牌。因此，这些品牌的股票价格表现强劲，根本就不足为奇。如果它们过往的业绩不佳，那就不可能跻身 Millward Brown 数据库排名前 0.1% 的品牌之列。

如果用最简单朴素的语言重新叙述斯腾格尔的发现，那就是：股市上有不俗表现的品牌只能出自千里挑一的优秀企业。事实上，他犯了循环推理的逻辑谬误。

（2）无论追溯过去还是预测未来，该理论是否都足够准确可靠

要想真正检验某个理论，就要看它能否准确地预测未来。有鉴于此，我以 2017 年 3 月为限，对斯滕格尔挑选的其中 26 家企业在此前五年中的股价表现做了一番调查。这五年是在斯腾格尔的书出版之后，因此将他的理论置于该时间段内检测，便可看出其真实的预测力。另外，不要忘了，我分析的对象只有 26 家企业——把那些只给所属大公司贡献了一小部分收入的品牌包括进来，这种做法会产生误导作用。

结果如何？

我调查的这 26 家企业中，仅有 9 家的业绩跑赢了标普 500 指数。即便在完全随机的条件下，应该有半数也就是 13 家的股票业绩高出其对标的标普 500。可见，这些理念并非斯腾格尔所说的万灵仙丹。

（3）品牌是否是借由某个理念而联系起来的

这个理论成立的前提是，所涉及的品牌必须要有一个作为联系纽带的理念。然而，不幸的是，这似乎根本就是一个伪命题。

“这 50 个品牌都分别展现了一种理念”——这种说法本身就令人怀疑。理念往往不大可能轻松地预测出结果。毕竟，相对于理念，现实情况更加凌乱复杂。如果你仔细研究斯滕格尔对品牌理念所下的定义，便能一眼看穿据他所说的这些理念已广泛深入人心的原因。事实上，他把“理念”这个词做了过度引申，以至于完全模糊了它的本义。

不妨看一看他赋予以下这三个品牌的定义：

→ 酩悦香槟——“随时随地，开瓶庆祝”；

→ 梅赛德斯 - 奔驰——“浓缩辉煌人生”；

→ 黑莓手机——“让人们联系彼此，在任意时间地点分享生命中最重要篇章”。

注意到这其中的问题了吗？这些理念不过是有关产品品类的描述性的语句而已。它们适用于任何香槟酒、奢侈品牌或手机供应商。

这并不是一个主观性看法。2015 年，艾丹 · 欧卡拉汉和我对 1000 名消费者做了调查，我们让他们把六个品牌与相关的理念一一“对号入座”。如果相关理念真正契合品牌的话，那么可以预料，消费者应该能准确识别出对应的品牌。然而最终结果是，准确识别出黑莓手机、梅赛德斯－奔驰和酩悦香槟的受调查者分别只有6%、10%和21%。

（4）抱有理念的品牌胜过没有理念的品牌？

要证明理想能让品牌成功，你就必须对成功品牌与不成功的品牌做一番比较。你尤其需要证明，成功的公司更看重品牌理念。你不能孤立地看待单个群体的共性，然后一概而论地说其他群体也都莫不如此。否则，你就很有可能会将成功归结为所有品牌都共有，但却无足轻重的一个因素。

遗憾的是，斯腾格尔未曾试图去搞清楚，理想在50强之外的那些品牌中是否"缺席"。单单这点就意味着，他的理论依据未经证实。

本着证明斯腾格尔理论的目的，我梳理了近年来市场表现最差的若干支股票。以诺基亚为例，其股票在2007年10月至2012年7月间暴跌了95%。有人可能说，适用于黑莓的品牌理想——"让人们联系彼此，在任意时间地点分享生命中最重要篇章"——也同样适用于诺基亚。这不只是我个人的观点。在艾丹·欧卡拉汉和我调查的消费者当中，有52%的人倾向于认为，诺基亚要比黑莓更符合这个理想的定义。如此说来，理想对于弱势品牌和成功品牌都是同等适用的。

斯滕格尔理论面对我们的检验有怎样的结果？

斯滕格尔声称发现了企业实现增长的秘诀。倘若真是如此，他本可以从根本上改变品牌宣传所应采取的方法和策略。但这种“一刀切”式的主张必须建立在坚实的客观证据之上。美国天文学家卡尔·萨根所言在理，他说：“不同凡响的论断需要不同凡响的论据。”然而，无论普通的证据，还是特别的证据，斯腾格尔均没有提供。

不幸的是，在所有四项必需的测试中，斯滕格尔的研究结果都无法得到验证。斯腾格尔未能证明，品牌理想可以助力企业创造优异的利润业绩。但这个不足之处却引出了另一个问题：如果品牌宗旨有如此严重的缺陷，那为何营销工作者还对这个概念趋之若鹜、乐于采纳呢？

为了求得这个问题的答案，我回到了伦敦“老街”（Old Street）[①]。Sell! Sell! 独立创意公司的联合创始人与创意总监维克·波尔金霍恩是最直言不讳批评品牌宗旨的广告业界人士之一。他认为，品牌理想之所以成为“香饽饽”，与其说是因为有益于那些涉及的品牌，还不如说是营销人员主动追求的结果。

波尔金霍恩对此解释说：

“归根结底，人才是这个问题的症结所在。因为，市场营销其实就是一个与人打交道的行业。我想，这关乎人们如何看待自己，以及他们如何安排利用自己的时间。（广告人）希望自我感觉良好。

① “老街”（Old Street）被称为伦敦硅谷，是众多高新技术和广告传媒公司的云集之地。

这完全可以理解。人们想要自我感觉良好，这并没有什么不对的。但问题在于，有人觉得，帮助企业更成功地销售产品并不能给自己带来成就感。正因为如此，他们便要从工作中寻求更多的东西。”

营销人员之所以对品牌理想这种不实观点全盘接受，原因就在于，他们希望它是千真万确的。正如莎翁笔下的恺撒大帝所说的那句话：“人们可以按照自己的方式来看待和理解事物，而这种理解可能完全脱离了事物的本来面目。”

2. 对于任何声称掌握一把万能钥匙，可以开启成功之门的人，都要抱以怀疑的态度

斯滕格尔宣称他的目标是证明品牌宗旨的价值，但最终这一目标沦为了一纸空谈。不仅如此，在他的研究中还存在一个更深层次的缺陷，那就是他企图寻找一种打广告战的通用策略。这种“放之四海而皆准”的普适性的营销思路本身就是错误的。品牌的运营环境形形色色、千差万别。广告战则包罗万象：从一位老奶奶钉在树上的寻猫启事到某个企业巨头对政府机构开展的旨在促成政策调整的游说，都在其中之列。单一的一套方法或策略如何能够有效应对如此多样化的情境呢？一种情境下行之有效的方法换到另一个时间或空间中就有可能“砸锅”。

对于这个问题，波尔金霍恩解释说：“这个行当的商业逻辑与任何事情的逻辑都是一样的。特定的答案可能有时正确，而有时却可能是错误的。正确与否取决于产品品类和具体情况。对于那些习惯于把问题答案简单化的人，我真的为他们感到担心。”

寻找能保证成功的万能公式，这根本就是一件徒劳无益的工作。正如瑞士 IMD 商学院战略与国际商务专业教授菲尔·罗森茨威格在他所著的《光环效应》一书中写道：任何声称已经发现了适用于商业的物理学定律的人，要么是对商业知之甚少，要么是对物理一窍不通，要么就两者皆是。

其次，不能把一家企业的行为作为定义成功的唯一标准。罗森茨威格补充道：按照一套既定的公式来行事并不能确保达成高绩效。原因很简单，在充满竞争的市场经济中，企业绩效从根本上说是相对而非绝对的。决定成败与否的不单单是一家企业的行为，还要看其竞争对手的动作。

很多管理有方的企业之所以失败，其原因并非来自内部，而是某一个竞争对手实现了重大的颠覆性创新所致。譬如说，大型计算机最终被个人电脑洗牌出局，录像带租赁店在流媒体服务的冲击下纷纷破产、无一幸存。这些企业的消亡并非由于理想缺位。如果企业绩效受到竞争力的影响——而事实上也确实如此，那么仅仅做到恪守一套内部行为规则，如品牌理想，也绝无可能保证成功。

关于那些影响广告主的偏差就先讲到这里。让我们把注意力重新拉回到我们的主要重点——消费者身上。我们尤其需要搞清楚，呈现某个广告的媒介情境如何影响受众对该广告的解读。

偏差十五——媒介

广告的投放方式如何影响受众对它的解读

你把断断续续写了一上午才完成的广告提案存到U盘里。这个提案是为一个会议准备的，鉴于会谈对象是你最大的“金主”客户，因此提案需要经过你老板批准。于是，你上楼来到七层的老板办公室。她的会议超时了，你便在外边等待。等候室的茶几上放着一摞时装杂志，你随手拿了一本翻看起来，那些花里胡哨、珠光宝气的首饰广告让你惊叹不已。

杂志里的首饰广告之所以看一眼便给人留下深刻印象，部分原因在于广告图像，而另一方面媒介情境也是一个重要因素。我们不妨以视觉错觉为例，来说明情境所具有的影响力。先看一看下面这两个英文单词。

THE CAT

它们似乎应读作“THE CAT”。但请再仔细看一遍。“THE”中的字母“H”和“CAT”中的字母“A”是完全一样的。正是由于情境的缘故，我们想当然地认为它们是不同的字母。“THE”和“CAT”两个单词我们已经见了无数次，以至于我们自以为很清楚出现在中间的是什么字母。这说明，情境对信息可以起到塑造作用。

视觉错觉是我们思维过程的一面镜子。正如情境会影响我们的眼睛看到什么，它同样也能决定我们的大脑思考什么。

媒介中的情境影响力

如同视觉错觉的作用一样，情境可以决定媒介中的信息作何解读。德国明斯特大学的迈克尔·德普和他的同事们开展的一项实验对媒介情境的重要性进行了量化。2005 年，这些神经学家给接受调查的 21 位消费者看了 30 条新闻标题。被调查者要对新闻标题的可信度打分，调查采用的是 7 分制——可信度最高计为 1 分，可信度最低计为 7 分。

这些新闻标题的出处似乎是四本时政新闻类杂志中的一本。为达到研究目的，调查者将标题随机与这几本杂志轮流搭配，以确保所有读者在看标题时能将每一本杂志都有作为参照。结果表明，杂志对被调查者的评分构成了显著影响。以最受推崇的杂志为背景的新闻标题平均得分为 1.9，以最不受重视的杂志为背景的新闻标题平均得分为5.5。

大脑并不以中立客观的方式处理信息。事实上，我们会为情境线索（contextual cue）所左右。总部位于伦敦的智威汤逊广告公司前董事长兼创意总监杰瑞米·布尔莫注意到，不光是新闻标题会受到这种影响，广告也同样如此：

一个写有“前女家庭教师寻求一份晚间临时工”字样的短小的求职启事如果被刊登在《女士》杂志的简单素净的私人广告栏中，便很可能因为没有多少人注意而最终“石沉大海”。不过，同样的话要是出现在国王十字区报刊亭的橱窗上，那么将会产生不同的预期效果。

如何运用这种效应

1. 仅仅找对受众是不够的

媒介情境成为一个切合时宜的研究课题，是因为程序化广告（programmatic advertising）的发展。

程序化广告，即以自动化方式采购数字广告，是广告行业中增长幅度最大的领域之一。根据eMarketer所做的统计，2016年英国在程序化数字广告展示上的支出达到27亿英镑，较前一年增加了44%。

程序化广告的其中一个主要组成部分就是实时竞价。这让广告主可以利用海量的数字数据，并根据单个广告的曝光次数出价竞买。也就是说，广告主现在可以在相关环境之外触达特定的受众群体。

就拿汽车购买者来说。就在几年前，你能触达这一消费群体的渠道还非常有限。这是因为媒介供应“缩水”，而像 What Car 或 Top Gear 这样的网站要收取额外费用。然而，一旦汽车购买者的信息记录程序（即所谓“cookie”）成为成功识别他们的身份，那么你就可以按照具体广告曝光次数来竞价购买广告，而无论他们访问了哪个网站，你都可以在这个网站上实现有效触达。正是由于能够触达，汽车购买者的可供选择的网站数量大大增加，非关联广告投放价格才得以降低。

如今，很多品牌在触达其目标受众时几乎不考虑背景因素。然而，德普所做的实验表明，情境的确会影响感知。它提示我们，对于所有广告暴露——即使在同样的媒介中——都必须因情而异，而不能视同一律。如果一条信息出自某位备受尊敬的作者之手，或源于一家享有盛名的媒体，那么它的可信度就会因为这一背景而提升。

当然，尽管情境可以塑造我们的感知能力，但它并不能构成知觉的全部。再来看“THE CAT”这个视觉错觉的例子。再多的情境效应也不会让你把字母“T”当作“C”。实际上，情境只能产生一种微妙而又微小的影响。

此外，即使情境不被看重，但较低的价格意味着它可能仍旧有一定价值。因此，在决定做何取舍前应该先做一番精打细算。然而，人们通常会忽略这种得失计算、利弊权衡。我们必须把情境的重要性纳入考量，否则就有可能会让我们承诺保护的品牌冒着被逐渐削弱的风险。

2. 虚费的重要性

牛津大学经济学家约翰·凯伊指出，广告之所以能产生作用，并非因为它所承载的明确信息。他进而解释说，有一种情境尤为重要，那就是虚费。他所说的虚费是指，超出用以满足传播明确信息这一功能性目的的必要支出外的广告费用。其具体形式可以是：一条90秒时长的广告；跨页广告中的大片空白；或“大手笔”、高价值的广告制作。

人们所熟知的费用昂贵的广告本身就是一种信号，它显示广告主拥有大量可供利用的资源。正如凯伊在他一篇意义重大的论文中所说明的：

广告主要么已经说服了很多人购买其产品——表明广告反响良好，要么就是说服了某人借给他大笔资金用以资助广告战役。不能说，尽管受众觉察到了广告虚费，广告仍起到了效果；而应该说，正是由于广告虚费被受众觉察到，广告才起到了效果。

凯伊进一步阐述道，从长远来看，广告的成本一般总归都能收回。因此，只有对其品牌抱有坚定承诺的企业才会把相当数量的资金投放在广告上。一个质量“拿不出手”的品牌做广告的目的可能是要给试销创造机会，但再多的广告支出也无法让心有不满的顾客成为回头客。用他的话来说，“铺张”的广告所起的作用相当于一种筛选机制：

用于推广的花费可以从一个侧面体现出生产者是否真心信任自己的产品，而透过广告向受众展现这一信心，就等于是发出了一个有关产品质量的强有力的信号。

广告博客写手、作家鲍勃·霍夫曼的评说更是一针见血：他们潜意识里的逻辑，差不多是这样的：一个代表一流品质的品牌的声望是经过多年时间并且耗费了无数的金钱才得以确立的。因此，它们有充裕的资源来选择适当的广告投放空间。

他们对好品牌的广告在哪里投放、如何投放以及好品牌广告自带的那种“气场”都一清二楚。同时，他们对劣质的三流品牌在哪里打广告也心知肚明。

这个理论很好地解释了，为什么知名的赞助式广告卓有成效的原因。特定情境展现的是一种昂贵的信任，而也正是因为这种“昂贵”，才能证明对于广告中产品的实力的信任是真实的。

当然，这个理论是以消费者知晓赞助式广告的价格作为假设前提的。但这种假设与事实相符吗？为找出这个问题的答案，我调查了 333 位消费者，询问他们是否知道皇家马德里足球队球员的球衣赞助费金额。在那些给出估价的受访者当中，89% 的人认为，每年的赞助费都应该在三千万英镑以上——这与真实成本大致相当。

媒介情境的影响力不一定像一个数百万英镑的赞助广告那般醒目突出。不仅如此，形式各异的视听广告所产生的情境线索也千差万别。

我又问了 502 个人，他们认为的电视、电影院和 YouTube 上的广告费用分别有多少。结果，我得到下列中位数估值：一条时长 30 秒的电影和电视广告产生一百万人次浏览量的费用为 25000 英镑，而 YouTube 上同等时长同样浏览量的广告费用只有 5000 英镑。当然，他们的猜测可能是错误的。但这无关紧要，重要的是他们感知上的费用差异。

品牌商必须认清一个事实：广告产生的相当一部分影响力都源自于受众觉察到的虚费。即便在这样一个无时无刻不讲求效率的时代，大胆而鲜明的品牌宣言仍然有其用武之地。

偶尔的“铺张奢侈”能够起到展现信心的作用，而仅仅靠广告宣传语则无法达成同样的效果。

遗憾的是，不少品牌经理都要经过一番挣扎才能认清媒介情境的重要性。这其中的部分原因在于，对消费者体验他们不能做到感同身受。在下一章（“知识之祸”）中，我们将更深入地探讨这个主题。

偏差十六——知识陷阱

如何努力做到与消费者感同身受

你返回自己的办公桌，一边溜达一边美滋滋地哼着曲子。会计部一位名叫诺姆的同事在走廊里把你拦住，问你哼的是什么曲子。你把速度放慢，嗓音调高，一首波西米亚狂想曲被你演绎得美妙而动听，诺姆茫然不解地瞪着眼睛。你“嘘”了一声便走开了，因为你觉得他明显是在装傻充愣。

你正沦为“知识陷阱”的牺牲品——我们一旦掌握了某种知识，就很难想象不了解这种知识的情形。

1990 年，一位名叫伊丽莎白·牛顿的斯坦福大学心理学研究生通过一项实验说明了这个问题。实验中她将受试者分为两组：一组扮演“打拍者”，另一组扮演“收听者”。“打拍者”这组先选择一首广为人知的歌曲，然后他们击打出这首歌的节奏，但是不能说出歌名，而要让“收听者”猜出来。“打拍者”估计，“收听者”

猜中歌名的概率为 50%。然而，结果证明他们大错特错了。实验中，“打拍者”击打了 120 首歌曲的节奏，但被猜对歌名的歌曲只占 2.5%。

心智状态

是什么造成了预测与现实之间的这种差距？其实，当“打拍者”击打出歌曲的节奏时，他们的脑际便不由自主地回荡起这首歌的旋律。然而，每一位“收听者”听到的——用心理学家奇普·希思的话来说——却是“一连串毫不相关的节拍，就好比是某种奇怪的莫尔斯电码”。

“打拍者”难以重现“收听者”的心智状态。“知识陷阱”在此实验中得到了证明，而它所导致的问题体现在两个截然不同的方面：设计与信息传递。让我们先来看看设计问题。

广告设计之所以遇挫，原因可归咎为品牌经理认可广告的依据与消费者对广告的体验这两者之间存在着矛盾。在反复推敲评估适合的广告文案时，品牌经理通常要认真浏览并研究广告，仔细检查文案的每一个要素，并且在相当长一段时间里都要保持全神贯注，以确保广告达成目标。

反观消费者。当他们开着车快速通过某个户外广告时，只会匆匆瞥过一眼；在随手翻阅报纸杂志时，只对上面的平面广告一扫而过；或是对用余光看到的横幅广告只留有模糊得不能再模糊的印象。

广告与受众的脱节使其毫无成效可言。

这个问题有多严重？伊凡·巴蒂和我设计了一个非正规的小实验，以便对这个问题进行量化。他在伦敦西区走街串巷，对他从街对面路过并看到的所有户外广告的可读性加以分类。他发现，4% 的广告都难以读懂内容，标题容易辨认的广告仅仅占到了三分之一。这意味着，相当一部分广告支出都白白浪费掉了。

再来看看数字广告，它们通常直接照搬平面广告文案的规则，即假定在吸引读者眼球方面可享有几秒钟的时间优势。然而，流明研究的调查数据却显示，这一假定并不符合事实。流明研究招募了300 个家庭作为固定样本，这些家庭的成员同意在他们的笔记本上安装眼动追踪传感器。借助这种方法，研究机构可以追踪到受试者在电脑上正常浏览期间观看广告的时长。他们的数据显示：线上广告被“扫视”的平均时长只有 0.9 秒，仅有 4% 的受试者浏览在线广告的时间超过 2 秒钟。所以，最好还是考虑选择类似于户外广告这样的展示空间，同时要让信息保持简单易读。

如何运用这种效应

1. 要强迫你自己成为一名倾听者而不是制作者

我在利物浦街附近的一家印度餐馆同《天生的说谎者》一书的作者伊恩·莱斯利见了面。他一边吃着一张肉夹饼一边解释说：“不仅仅广告主要费一番努力才能与受众感同身受，音乐家也为同样的难题所困扰。”对此，音乐家布莱恩·伊诺现身说法道：“作为一名音乐制作人的你与作为一名听众的你完全不是一码事。这就是我常说要从录音棚中走出来去聆听的原因。”

不少人在制作音乐时根本“足不出户”，因此难免陷入“制作者模式”，这就像把一颗颗螺丝钉拧到位——只是在不断重复地添加而已。在录音棚里，这种工作方式似乎是天经地义的。只有当你走出录音棚时，你才能开始去听自己喜欢的东西。

营销工作者应该效法伊诺，强迫自己对评估的场景做出改变和调整。如果你要评估一个户外广告的效果，那么待在创意机构的办公室里只会让你陷入“制作者模式”，而避免这种情况的最好办法就是走出去，实地观察大街上的某个广告牌，然后对其上面的文案内容做出评判。

甚至还有一个更好的办法：利用一流的场景模拟工具，如博视得（Posterscope）和德高集团共同开发的“Virtuocity”虚拟城市户外广告技术。

2. 搞清楚你的受众是“最大化者”还是“满足者”

第二个问题就是要了解，要想最大限度地激发消费者的兴趣，信息传递的分寸怎样才算合适。比起任何理智的消费者，营销工作者与其服务的品牌要更加痛痒相关。一位 Andrex 厕纸的营销人员每周都要把大量心思和时间——40 小时——花在卫生卷纸上，这比购买者一辈子花在思考选择哪一款厕纸上的时间还要长。

用卡内基·梅隆大学心理学家赫伯特·西蒙的话来说就是，营销人员往往是“最大化者”，而消费者通常来说属于“满足者”。“最大化者”指的是那些花费相当多时间和精力来寻找某个品类中的理想产品的人。“满足者”则是那些满足于符合其标准的第一件产品的人。

如罗里·萨瑟兰所言：无论在什么时间和什么市场，“满足者”手中都掌握有大量货币。这些人希望能与某个同侪群体打成一片，而不是要处处争强好胜；他们迫切希望能够避免使人尴尬和遗憾的情形——其中包括买错东西，而与此相比，他们炫耀优势的动机强度就相形见绌多了。

只有当营销人员把他们的信念、态度和行为投射到顾客的身上时，这种差异性才会成为一个问题。我曾就此问过我的同事，但其中多数人都不承认，他们认为目标受众与自己所见略同。别人可能会犯这种错误，但他们不会——他们可是专业人士。

我需要更多相关证据来驳倒他们。于是，我把一份简短的调查问卷分别寄给了我的同事和我们的多位客户。这份调查问卷包含了两个看似无关痛痒的问题：你认为拥有苹果手机的人占总人口的比例有多少？你是否自己拥有一部苹果手机？

调查结果具有显著性差异。那些拥有一部苹果手机的被调查对象认为，半数人口有苹果手机；而那些没有苹果手机的人则认为，只有三分之一的人口有苹果手机。这是一个有力的证据，它证明偏见对营销人员的影响并不亚于对消费者。

凭直觉行事是危险的——它导致我们制订出的计划对自己产生支配作用，却不一定对消费者构成影响。“最大化者”想要确信他们的产品是完美的；而“满足者”则只希望得到保证说，他们买的不是劣质品。这种对传递完美的刻意追求往往会让人把注意力放在那些复杂精细，但却与大多人无关的细枝末节上。相比之下，消费者的安心感来自对品牌知名度的注重——无论是直接采用，还是投资那些只有最赚钱的公司才能负担得起的高知名度、看似奢侈的广告展示形式。

品牌商务必要确定他们的受众是“最大化者”还是“满足者”，并据此做相应的沟通。

3. 想消费者所想

另一个解决办法是更深入地洞察消费者的内心。尽管我们大部分人原则上对此没有异议，但在实践中却很难做到，因为这种方法被认为费用太过昂贵。然而事实上，洞察消费者的技巧可以很复杂也可以很简单：无论是在消费者家中对其进行面访，在呼叫中心待上一整天倾听消费者心声，还是在实体店干上一周，都不失为行之有效的方法。

理想的解决方案是针对现有问题量体裁衣、对症下药。举例来说，在为成人失禁用品品牌做创意简报时，我希望让参与广告创意的代理机构团队全面深入地了解目标受众。但由于我们没有用于这项工作的预算，因此我们便采用了一种我们称之为“方法规划”（method planning）的技巧。我在周末的不固定时间给策划人员发短信。每当他们收到一条短信，无论他们正在做什么都必须停下来并要赶到洗手间，而给他们的时间只有两分钟。此举有助于策划者理解目标受众的感受。从这个实验中我们获得了两个有益的洞见。首先，当人们在家时，失禁并不算一个大问题。毕竟，家中的洗手间就近在咫尺。然而一旦他们离开家，烦恼便会随之而来。因此，我们就应该推荐在受众产生最大顾虑的那一刻触及他们的媒介——比如地铁车厢广告牌。

其次，参与我们测试的人提到，这个实验不仅给他们带来不便，也对他们的家人造成了负担。这让我们领悟到，也许更好的办法是劝告年长的男性患者即使不为自己，也要为了家人着想，设法解决失禁这一困扰。

做这一切的花费有多少呢？我只花了大约 50 便士的电话费。洞察消费者的内心并不意味着要花大价钱，所需的方式方法也不一定很复杂。总之，我们没有任何理由不去更好地了解购买者。然而，并非所有跟踪数据都可以帮助你更好地了解你的受众。有时，如果数据得不到正确解读，它们便只能起到误导作用。我们将在下一章中对这个问题展开论述。

偏差十七——古德哈特定律

目标数据化设置不当所产生的危险

今天是本季度最后一个工作日，你必须拿下一笔大的销售额才能达到给自己设定的目标。如果你成功做到，便可将奖金收入囊中。这个目标似乎不难达成，因为同你合作时间最长的其中一位客户已经答应今天就下订单。

但是当你给这位客户打电话确认她是否签字同意时，对方却回答说自己正忙着，希望周一早晨再填完相关的文书。你有些慌神了，于是向她提出如果销售合同立即获批生效，则售价可以打 9 折，接着你又说可以打 75 折，最后直接打到 5 折。客户同意了。但就在这通电话快要结束时，她用诧异的语气问你，先前所报的价格是否虚高？你支支吾吾地给出了一个不能令人信服的答案……

如果你能安心等待，你也许本可以让这笔交易给你的公司带来双倍收入，但这同时有可能会让你的奖金泡汤。从你个人的角度来看，这是一个合情合理的决定，但却与你雇主的意图背道而驰。他们之所以建立奖金制度，目的就在于帮助企业增收，然而在本例中它却起到了适得其反的效果。

这个目标因设置不当导致了意想不到的后果，而它便是古德哈特定律的一个实例。这条定律的表述如下：当一项政策变成目标，它将不再是一项好的政策。

1902 年春天，发生在越南河内的一个著名事例很好地诠释了这种意外后果。当时，为控制城中暴发的腺鼠疫[①]，当地百姓每上交一条老鼠尾巴，法国殖民者都会给他们一小笔酬金。这一策略在实行之初似乎颇有成效：老鼠尾巴源源而来。三月有数百条，五月有数千条，而在 6 月 12 日这一天更是达到了顶峰——竟然有 20114 条之多。

然而，尽管收集到的老鼠尾巴数量在不断增加，老鼠的总量却似乎并未减少。事实上，老鼠非但没少反而增加了，只是它们统统都没有尾巴而已。原来，当局的赏金让民众嗅到了“商机”——人们开始饲养老鼠，割掉老鼠尾巴，然后再将它们放生。

现在再回过头来看，这个奇葩故事似乎太过荒唐可笑。但时至今日，设定不当的目标仍旧会引起问题——从应试教育到甘冒风险的银行家等无所不及。具体到我们从事的行当，与此问题最为贴切

---

① 腺鼠疫的全名为流行性淋巴腺鼠疫，俗称“黑死病”，是人类历史上最致命的瘟疫之一。据估计，在中世纪的欧洲约有三分之一的人口死于黑死病。

的莫过于数字广告了。

线上衡量实质上就相当于用老鼠尾巴而不是老鼠交差

发生在河内的这个故事留给我们的主要教训就是，设定一个空洞粗浅的目标会使人们在达成目标的过程中只做表面文章，而不是脚踏实地履行目标赋予他们的根本使命。

针对大多数线上活动而设定的目标都是用于衡量活动的短期效果：即时的销售量、访问次数、浏览量。这些衡量短期效果的方法很受欢迎，原因就在于它们便于使用。然而，轻松便利与实际效果完全是两回事。其实，我们都知道，绝大部分广告的效果要在很长一段时间以后才会显现。

不幸的是，由于衡量广告长期影响的难度较大，我们便往往将其置之脑后。彼得·菲尔德在最近对IPA广告效力数据库做了分析。该数据库包含了1200多个参加IPA广告效力奖评选的参选广告记录，评选方要对广告所产生的投资回报率做出严格评判。根据他的发现，基于短期目标的参选广告的比例从2006年的7%上升到了2014年的33%。

营销人员就像一则老笑话里的那个醉汉：

一位警察看见一个醉汉正在路灯下寻觅着什么，便上前问那个醉汉丢了什么东西。醉汉说他的钥匙丢了，于是两人一起在路灯下找。过了几分钟，警察问醉汉他是否确定把钥匙丢在了这个位置。醉汉回答说不确定。警察又问他为何只在这个地方找。醉汉答曰："这个地方有路灯。"

营销人员在对他们的广告战役进行优化时，所依据的是容易收集到的指标，而非合适恰当的指标。

起初，依据短期指标优化广告战役的做法似乎是行之有效的：更多预算被分配给效果最佳的广告，而那些效果最差的则被剔除出方案。但这种好结果只是貌似真实而已。

莱斯·比奈和彼得·菲尔德把他们先前对IPA广告效力数据库所做的分析总结成了一篇名为《说长道短》的报告。他们在这份报告中证明了，短期内最有效的办法放到长期就不甚理想。着眼于短期效果而优化的广告方案可以直接拉动销售额，但却不能创造更多销路。因为这些方案只是将那些对特定品牌有兴趣的潜在购买者转变成实际购买者，而对于培养更多人对这个品牌的热情则毫无用处。

如何运用这种效应

1. 采用一套均衡的测量方法

提高数字营销测量效果最简单的办法就是将多项指标纳入到

每个方案中。但是，选择指标时必须做到全面均衡、统筹兼顾——有些指标适用于监测广告的短期效果，有些则适用于监测长期效果。这意味着，在采用短期衡量指标——如每次销售成本（cost per sale）或每次点击成本（cost per click）的同时，还应选择长期品牌跟踪的指标作为补充。

品牌跟踪可以用不同方法，它们各有长短，其中使用最为普遍的就是对识别出和没有识别出广告的受众之间的态度差异进行研究。然后，再对这种差异与广告影响力之间的关系做归因分析。

这是一个简单易行的方法，但却有误导性——它其实是“罗瑟·瑞福斯谬误”的牺牲品——此谬误的名称取自于1961年首先指出这是个错误方法的广告人罗瑟·瑞福斯。该方法的缺陷就在于，它夸大了广告的效果：那些对特定品牌比较熟悉和有兴趣的人更有可能注意到该品牌的广告。

事实上，数字品牌跟踪方法的衡量对象应该是，那些暴露于广告的目标受众与未暴露于广告的对照组中的受众之间的态度差异。这种方法操作起来已经简单了不少，因为很多调研公司都招募了一批消费者作为长期研究的固定样本，而他们愿意提供其IP地址并回答调查问卷。这让调查者得以监测到哪些人实际暴露（或没暴露）于广告信息中，而不会把那些记得自己暴露于广告的人作为监测对象。

大型数字广告战役只需从媒体预算中拨出约1%的经费用以开

展这种广告效果的追踪。很快，这些投入就将转化为等值的知识产出。

2. 不要挤占独立思考和判断的空间

一个小而精的指标组合可以让品牌的衡量方法更具效力。然而，任何一组指标都是有瑕疵的。跟踪数据是把问题加以简化。它必须厘清复杂、纷乱的现实，并将其转换为易于处理的数字。这个过程涉及权衡取舍，即减低数据的代表性以换取处理的简单化。

一旦人们忘记权衡取舍，带着敬畏的眼光来看待跟踪数据，觉得它似乎可以给出明确的答案而不仅仅是提供证据，那么问题就会随之而来。这种对数据的"顶礼膜拜"正变得司空见惯。正如罗里·萨瑟兰所言，营销工作像被套上一道"紧箍咒"——"一个基于左脑（理性思维）、等级森严且强有力的管理制度，它只对那些能够表现在一张图表上的事物给予重视。"

这种对容易量化的数据的执念彻底挤占了独立思考和判断的必要空间。

这里举两个例子，用以说明因此而产生的问题。第一个例子是特里·莱希在特易购担任营销部门领导期间的经历，当时他对特易购无麸质产品的销售业绩做了一番分析。销售数据提示该商品区域表现欠佳——无麸质产品购买者每次来购物时都只在相关商品上花几英镑钱而已。如果对此做一个肤浅的解读，那么结论就是应当将无麸质商品悉数撤下，以腾出"寸土寸金"的货架空间。

但莱希对这些销售数字抱有怀疑，于是他对无麸质产品购买者做了面访调查，结果发现他们选择哪一家超市取决于货品的可得性。他们不想为购物而多次奔波，所以哪家超市有卖特殊商品他们就会选择去那里购买。说到底，每家商店都有鸡蛋牛奶，而备有无麸质产品的商店却只有几家。基于这一认识，莱希早早赶在竞争对手之前策划推出了特易购“不含蛋奶麸质”系列食品并大获成功。

另一个例子发生在曼联足球俱乐部经理亚历克斯·弗格森爵士的身上，而这次的故事结局就没那么圆满了。体育数据供应商 Opta 的数据显示，弗格森的明星后卫雅普·斯塔姆每个赛季的铲球次数呈现下滑趋势。2001 年 8 月，弗格森毫不迟疑地放人，把雅普转给了拉齐奥队——他很想趁着对手俱乐部看出雅普的技术水准下降之前，争取到一笔相对较高的转会费。

但是事实上，雅普在意大利迎来了他职业生涯的鼎盛期，弗格森则意识到了自己的错误——铲球次数的减少并不意味着雅普的技术水准出现滑坡，而恰恰是他有所进步的表现。正因为他丢的球越来越少，抢断传球的成功率越来越高，所以也就无须更多地铲球了。弗格森表示，卖掉斯塔姆是他职业足球经理生涯中所犯的最大错误。从那时起，他便不再受过分简单化的数据的诱惑。

虽然围绕跟踪数据不乏批评之声，但这并不意味着你可以忽略这一方法。指望任何方法都能面面俱到、十全十美——这样的过高期望是不合理的，它只会让你寄予厚望的方法不堪重负。你必须认识到，跟踪数据的目的在于提供证据，而你所要做的就是根据这些证据独立思考并做出审慎的判断。

倘若你犯了过分强调短期跟踪数据的“大忌”，切勿隐瞒这个事实，而要让你的同事了解你所犯的错误。这可能有违直觉，但坦率地承认自己的软肋反而会让你变得更有魅力。这便是“仰八脚效应”一词的发明者——埃利奥特·阿伦森的研究发现。我们将在下一章就阿伦森所做的研究进行探讨。

偏差十八—— 仰八脚效应

为何缺陷反而让品牌更具吸引力

这天下午，你的主要任务是面试最后两个求职者，他们应聘的是你所在团队的经理一职。在第二轮面试结束时，你已基本掌握了这两位求职者的情况：他们都有类似的相关经历、学术成绩优异，且入职后他们务实的想法都可以付诸实施。你纳闷儿，如何在他们两人之间二选一。当最后一个求职者起身离开时，他显得有些笨手笨脚，结果被桌子腿绊了一下，喝剩的咖啡残渣溅到了崭新的地板上，他面色铁青、一脸尴尬地离开了。

你觉得最终你会选择谁？如果仰八脚效应是正确的话，被选中的人应该是那个动作有些笨拙的求职者。

1966 年，哈佛大学心理学家埃利奥特·阿伦森发现了这种认知偏差。在两位同事本·维勒曼和乔安妮·弗洛伊德的配合下，他把一位演员回答一系列知识竞赛题的整个过程都录了像。在一个实验环节中，这位演员——他具备良好的应对能力——答对了 92% 的问题。测试过后，该演员假装不小心将一杯咖啡洒在了自己身上（一个小的疏忽或者说出了丑）。

研究者先将这段录像放给一个较大的学生样本群体，然后问他们这个知识竞赛选手讨人喜欢的程度有几何。阿伦森将这些学生分成几个单元组并给他们播放两个不同版本的录像：其中一个版本包含有泼溅咖啡的场景，另一个则没有。结果学生们认为，那个笨手笨脚的竞赛者更讨人喜欢。对此，阿伦森做出了如下解释：

失态让这个竞赛选手变得更富有魅力，他的亲和力因此而提升，而且他看起来少了一些严肃，多了几分人性温度。

六十年过后，这种偏差对于产品还起作用吗？

一副手脚无措的笨拙模样并不是增加魅力值的唯一之选。珍妮·里德尔和我就产品缺陷是否可以提升魅力进行了相关的调查。我们复制了消费心理学家亚当·费里尔所做的一项未公开发表的研究，让 626 个具有全国代表性的被调查者在两款曲奇饼中选出他们更中意的一款。这两款饼干几乎完全相同，只有一处细微差别：一款边缘粗糙，而另一款的边缘则非常光滑。

边缘粗糙的那款曲奇饼的人气明显高出一筹：66% 的人更认可它。可见，小的瑕疵非但没有让它的魅力值打折扣，反而起到加分的作用。

如何运用这种效应

1. 亮出你的缺点

运用这种偏差的最佳方式就是承认，你的品牌是有缺点的。这岂不是很不明智？

不妨想想，那些数一数二的广告战中有多少都是“自我揭短”的，你就不会有这种疑问了。

最早期的例子之一便是恒美广告公司为美国大众汽车公司所打的一场旷日持久的广告战。该广告战始自 1959 年，旨在彰显甲壳虫汽车虽有缺点但瑕不掩瑜的诉求。其中一则针对这种车造型平庸的平面广告配有一张阿波罗登月舱的照片和一个略带自嘲的标题——《它很丑，但它能带你到想去的地方》。另一则广告则围绕车子的尺寸创造出了“想想还是小的好”（Think Small）这一金句。而我个人最喜欢的是以强调速度不快而吸引人们注意的广告正文：“一辆大众车不会超过 72 英里时速。”（尽管速度计上标明的 90 英里最高时速让人抱有一种侥幸式的乐观。）

行业性杂志《广告时代》把恒美为大众所做的这一系列广告评为 20 世纪最优秀的广告。更重要的是，它帮助大众公司卖出了相当多数量的汽车。1963 年，大众公司在美国的汽车销售量达到 277008 台——比其他任何进口汽车品牌的历史销量都多。

比尔·伯恩巴克创立的恒美广告在为安飞士（Avis）租车行所做的广告中再次运用了这种坦诚的沟通方式。宝拉·格林为其构思的宣传词强调了安飞士在知名度上不及赫兹(Hertz)租车的事实:“如果你只是第二名，你就必须更努力，否则……”这一广告战打响还不到一年，安飞士就有一百二十万美元的利润入账——这是该租车公司首次打破十年以来的利润纪录。这个策略获得了如此大的成功，以至于被沿用了50多年。

在1981年，睿狮（Lowe）广告发动的时代（Stella Artois）啤酒广告战以《只愿每滴珍贵》（*Reassuringly Expensive*）为标题，让受众陶醉于这款价格不菲的啤酒带给人的昂贵体验。这个屡获殊荣的广告不仅彻底扭转了时代啤酒的命运，在之后的26年中一直保持着顽强的生命力。

代理健力士（Guinness）黑啤酒的天联广告公司推出了“好酒需要等待”这一宣传语，旨在让人们了解，只有慢慢倾倒才可享受到黑啤酒的醇厚滋味。英国乳业协会用“馋一口又何妨”（“Naughty, but nice”）这一广告语暗指奶油蛋糕里所含的高热量成分。

敢于承认自己的缺点是一种诚实厚道的真切表现，所以说主动亮丑可以让其他说法更可信。此外，最好的宣传语就是巧妙利用了权衡取舍的效应。人生从来没有免费的午餐，这是我们在经历过痛苦后才得到的经验之谈。这也就解释了，为何某个品牌“自揭其短”的做法反而使其相关的正面属性得以深入人心。

健力士黑啤酒可能要多花点工夫倒入杯中，可这种付出是值得的。安飞士的销售额也许不是最高，但它一心渴望通过更周到的服务换取你的满意。

所有人都知道，没有一贯正确、绝对可靠的品牌。因此，只要某个品牌坦承自身存在的不足，它便有机会让消费者相信那些缺点无关大局。这个理论在一定程度上解释了廉价航空公司取得成功的原因。在这些公司投入运营时，它们公开承认低票价是以降低服务质量作为代价的：无法预订座位且免费行李重量少得可怜。如果他们做不到如此坦诚，那么消费者很可能猜想，成本削减是用牺牲安全性换来的。

2. 确保这种策略适合于你的品牌

阿伦森实验的一个转折需要引起注意。他重做了一遍同样的实验，但这次那个演员故意表现得能力不足，最后只答对了30%的测验题。随后，参与调查的学生们再次给他的魅力打分。在这一情境下，慌乱之中洒落咖啡的细节降低了他的魅力值。由此可见，仰八脚效应的真正作用是产生倍增效果，而不单纯是带来正面影响。它可以让一个强势品牌变得更强大，也能让一个弱势品牌变得更孱弱。

当竞争对手喜欢自吹自擂时，仰八脚效应尤其能够发挥强有力的作用。夸张在房地产经纪人中间使用得最为普遍。在20世纪60年代，罗伊·布鲁克斯以诚实得近乎冷酷的方式销售住宅，并在房产市场中分得了一杯羹。他采用的典型广告语言如下：

征集：某位有品、有钱且有足够心理承受力，有意购买位于皮姆利科区的这座昔日名声不佳的宅邸的买家。就方便让人过上最起码的体面生活而言，这个“世外桃源”不符合20世纪的标准。尽管房子里有异味甚或臭味，墙上的灰浆不断脱落，日光透过房顶的破洞照进室内，但从用破旧衣物堆成的床榻，以及散落在一个角落里的烟蒂和空瓶子来看，这里仍可以住人。对于那些喜欢社交、有志展现其装饰品味、渴望在光鲜的时尚杂志上找到一席之地的人来说，这里有供他们施展才华的广阔天地，也没什么阻碍他们在便笺上描绘威斯敏斯特宫。整座房子包含10个房间——它们谈不上舒适，还带一个地面泥泞不堪的后院。房子永久产权单位面积价格4650英镑，精装后这些房子的单位面积价格可达15000英镑。

在另一则广告中，他不无坦诚地评价了一所待售房子中的摇摇欲坠的楼梯：

我们一位身材瘦小的员工安全通过了地下室的楼梯，但本公司的哈尔斯泰德先生却将楼梯给压垮了。

买主也同样未能幸免：

我们遇到过一个非常让人讨厌的老男人，他和他的少妻正寻找一处雅致的城区公寓且他偏爱贝尔格莱维亚区[①]（Belgravia）……价格不重要，但必须公道实在，因为至少在这一点上他的脑子一点都不糊涂……

布鲁克斯这种带有逞能的自夸收到了效果。他独一无二的广告风格所达成的宣传效果难以用合适的词语来形容：那些周日版报纸的读者把查找他的广告当成了一种习惯，而他也成了电视访谈节目的常客。如果你服务的某个品类属于过度正面刻画的典型——如奢侈品、汽车或化妆品类，那么这个方法就可能适用。

还有一个值得认真考虑的问题：你的目标受众的性别。1972年，纽约市立大学心理学教授凯·迪奥克斯所做的一项实验的结果表明，男性受仰八脚效应支配的程度要大于女性。如果你的品牌是以男性为目标用户，那么你就应该认真考虑选择主动承认缺点这一“示弱”策略。

3. 不仅仅是广告

最后，这不单单是一个对你的广告文案做出适当调整的问题。它还应该关乎你对不利于你的用户评论的处理方式。很多品牌商会

① 伦敦的上流住宅区，位于海德公园附近。

隐瞒针对他们的负面评论。然而，西北大学斯皮格尔研究中心在 2015 年开展了一项研究，对涵盖 22 个品类的 111460 条产品评论做了分析，并证明评价分数与购买的概率之间存在关联。该研究发现，购买的可能性并非随着满分（5 分）的出现而达到最大值，与最大值相对应的评价分数为 4.2-4.5。不同品类之间存在轻微差异。比如，护发产品的评价分数为 4.2 时效果最佳，而灯泡的理想分值是 4.5。

满分之所以影响力较低，是因为在消费者看来，这样的分数太好以至于不可信。按照研究报告作者的话来说就是：

> 这也许看似有违直觉，但负面评论的确可以产生积极影响，因为它们有助于树立信任和给人一种靠得住的感觉。消费者的理解是，一种产品不可能十全十美，令所有人都满意。

在此类例子当中，我个人最喜欢的当属伊恩·班克斯在 1984 年出版的处女作小说《捕蜂器》。当年已届而立的班克斯最终说服一家出版商发行他的其中一部作品。虽然他做了不少尝试，作品的发表仍旧姗姗来迟。在此前的 14 年中，他写就的四部小说都一一被出版社退稿。

尽管为得到认可，班克斯苦苦奋斗了很长时间，但他却打破传统，坚持要求把正反两方面的评论都放入小说的简介当中。有些评论相当尖酸刻薄，好比以下摘自《星期日快报》的这段：

描述一个苏格兰疯子家族的成员以折磨小动物为乐、从施虐中获得满足的愚蠢而荒唐的恐怖故事。写得比多数让人毛骨悚然的电影桥段精彩一点，但也不过是文字版的恐怖录像片而已。

《泰晤士报》的评论更是有过之而无不及：

《捕蜂器》是一部乏善可陈的平庸之作。粗俗露骨的文字和污秽下流的情节也许可以理解为迎合读者的某种标新立异之举。本书作者或许是想开一个大玩笑，意在拿伦敦的文学圈开涮，让他们陷入敝帚自珍的尴尬境地。

班克斯凭借他的“胆大妄为”成功达到了目的。他的这个与众不同的方法为自己赢得了瞩目，而众多批评家的口诛笔伐给这本书的定位——一部直指人心的震撼作品——带来了可信度。反其道而行之的宣传策略催生了一本畅销书，也赋予了作者独立思想家的地位。

既然这个方法行之有效，那为何它并不常见？

我在此仅仅列出了六七个仰八脚效应的例子，当然我还可以再举出几个。但这些例子的时间跨度大约有 60 年，而它们相对于同期投放的成千上万个广告可以说是微乎其微。为什么会这样？这种稀缺性可以从委托－代理问题（principal-agent problem）中找到解释。委托－代理理论是由麻省理工学院斯隆商学院金融学教授史蒂芬·罗斯最先提出的。他认为，企业委托人——股东的利益与代理人——员工的利益之间存在差异。

换句话说，对于品牌商——委托人有利的事情并不利于营销经理——代理人。倘若广告战役沦于失败，那可能就意味着品牌经理职业生涯的终结。不难想象，正当销售额经历跳水式的下滑时，你对首席执行官解释说，你所要发起的广告战役的关键信息就是本品牌价格昂贵。那么，你即使引用阿伦森的研究结果来佐证你的观点，也很难保住自己的饭碗。

对于那些已经有所准备，甘愿冒一点职业风险的人来说，实现你的品牌增长的最佳机会就是公开示弱。正是由于委托－代理问题的存在，它始终都是一个与众不同的解决之道。而对于那些有志在职业道路上稳妥发展的人来说，你可能就要考虑选择另一条路径，比如尽力避免“赢者诅咒”。很幸运，这正是我们在下一章所要探讨的主题。

偏差十九——“赢者诅咒”

识别你的目标受众

你正查看有无最新电邮，顺便决定花点时间浏览一下 eBay——你出价竞买的《权力的游戏》影碟套装定于当天下午结束拍卖。

糟糕，有人开的价高于你。尽管你把原有报价提高了 5 英镑，但你不够走运，还是未拿下竞拍，真见鬼。

于是，你接二连三地加价，且每次都追加 5 英镑。直到最后，你的报价超过了其他所有竞拍者。在拍卖中抢得先机带给你的满足感可能到头来只是空欢喜一场。经济学家认为，拍卖赢家所支付的价格通常都会超过拍卖品本身的价值，而导致这一结果的原因就是他们所称的“赢者诅咒”。

这个说法最早可追溯至 20 世纪 50 年代，当时在一场以阿拉斯加石油钻探权为标的的拍卖会上，众多石油公司的出价都明显过高了。事实上，有些企业的出价高得离谱，甚至它们因此而破了产。

针对这一问题，经济学家——如理查德·泰勒等——进行了相关研究，并给出了一个简练而又确切的解释。

芝加哥大学行为科学与经济学教授泰勒认为，在拍卖过程中，每一个竞买人都会预先给商品确定一个价格，然后以此额度为上限应价竞买。

拜一种被称为“群体智慧”的现象所赐，大家给出的拍卖平均估值有较高的准确性。说到底，计算估价的平均值可以抵消每一位竞买者可能出现的误差。当然，如果平均估价是准确的话，那么中标价格，即最乐观的那个估价就一定是虚高的。

“赢者诅咒”何以关乎于你?

对于大多数品牌而言，媒体成本是广告费支出中最大的一项。根据世界广告研究中心/英国广告协会（WARC/AA）的报告，2015年英国用于广告宣传的媒体购买费用达到两百亿英镑。过去十年中，购买广告的方式发生了天翻地覆的变化。变革之前的购买方式是，广告主与媒体主围绕固定的千人成本讨价还价；而变革之后则是，广告买家彼此之间进行拍卖竞价。这种新的方法的特点在于，广告主需要对单个数字广告印象实时竞价。

尽管无法通过竞拍购得全部媒体，但这种媒体购买方法正变得越来越重要。所有搜索广告和大部分程序化展示广告均可通过竞拍购得。根据英国互联网广告局公布的资料，2016年这两个领域的广告支出达到了八十亿七千五百万英镑。随着程序化广告向诸如广播电台、手机乃至电视等其他媒体延伸，这一数字还会进一步增长。

如何运用这种效应

1. 独辟蹊径，识别你的目标受众

广告竞拍已得到普遍认可和接受，品牌商不能对此视而不见，而他们所要做的就是根据实际情况对其竞价策略做适当调整。为此，他们必须创建一组用以确定目标受众的反向指标。

大多数品牌商都是根据受众的年龄和收入（譬如他们是不是介于 18 至 34 岁之间，是否属于 ABC1[①] 人群等）来锁定媒体的。正因为这是一个标准方法，凡是采用它的品牌商都会在竞拍中遭遇非常激烈的竞争。参与竞拍者越多，平均出价越准确，避开“赢者诅咒”的难度就会越大。

在确定目标受众时，采用这种程式化思路的品牌商占据了绝大多数，而这也就使得那些精明老练的品牌商有机可乘。这其中有一个机遇尚未得到充分发掘，即根据使用的网络浏览器来确定目标受众。

浏览器的使用是否真的可以作为识别正确客户的依据？希索软

---

① 英国全国读者调查（NRS）的人口统计学标准将全体消费者分为 A、B、C1、C2、D 和 E 六个等级，其中 A、B、C1 分别代表上层中产阶级、中产阶级、下层中产阶级。

件公司（Cornerstone Ondemand）首席分析官迈克尔·豪斯曼博士率先提出了这一理念：人们的性格特征可借由他们使用的浏览器来加以识别。

这家人才招聘软件企业帮助50000名求职者找到了工作，豪斯曼对这些求职者的数据做了分析并从中发现，可以通过求职者对浏览器的选择准确预测出他们而后的工作表现。那些选择了非默认浏览器（如Chrome或Firefox）的用户的在职持续时间要比使用默认浏览器（如Internet Explorer）的用户长15%。

豪斯曼将这一差异归因于一个事实，即选择Chrome或Firefox浏览器是一种主动性决策的结果——那些员工努力寻求一个比预装在其个人电脑中的浏览器更好的网页浏览解决方案。这也就是说，可以将他们定义为某个并不满足于默认方法的人。

在营销领域有何应用

克莱尔·林福德和我想弄明白，豪斯曼的研究发现对于营销从业人员是否也同样有用。或许，那些避开主流的默认浏览器选项的人，当他们在面对其他产品品类时也会做出同样的选择？

为了检验这个假设，我们询问了224个淡啤酒消费者，他们首选的品牌是哪一个。当我们以他们偏爱使用的浏览器为标准划分统计结果后，最终结果便一目了然。使用Internet Explorer浏览器的淡啤酒消费者中只有三分之一的人更喜欢排在前五名之外的非主流啤酒，而不使用默认浏览器的消费者中有 56% 的人更青睐非主流的淡啤酒。

默认浏览器用户偏爱主流选择，而非默认浏览器用户则更钟情于挑战者品牌。用户对浏览器的选择为豪斯曼提供了一个预测员工工作表现的线索，它同样也可帮助营销人员识别消费者的品牌偏好。

既然知道了可以根据浏览器类型来实现定向广告投放，你便不难为其找到一个有利的用途：主流品牌应该把默认浏览器，如 Internet Explorer 作为目标投放载体；而那些相对非主流的品牌则应盯准非默认浏览器，如谷歌 Chrome。

关键一点在于，真正把用户对浏览器的选择用作广告投放“风向标”的品牌可以说寥寥无几。而也正因为如此，它可帮助那些富有洞见的品牌避开“赢者诅咒”。

总之，就识别目标受众而言，品牌商都应该铭记传奇广告创意总监约翰·赫加蒂的那句话：“当世界朝左，请朝右。”

2. 确定目标受众变得有价值的具体时间点

广告主之所以把 ABC1 人群作为目标受众，是因为他们拥有较高的可支配收入。然而，人们的消费支出模式并非呈平直形态。他们的消费支出有时会骤然剧增，而这些时候是有规律可循且可以预测的。发薪日便是这样一个时间点。

珍妮·里德尔和我调查了 200 个消费者，旨在了解他们每月的支出模式。最大的变化发生在支付薪水后的那一周——他们的消费支出呈上升态势。三分之一成年消费者的支出或多或少地有所增加。

当我们按照受试者的年龄划分数据时，我们发现支出上升在 18 至 34 岁之间的消费者当中最明显——近一半人（47%）的花销增大。这或许是由于该年龄段的消费人群收入相对较低，也就是说，他们到月底时很可能会用光现金。

问题的关键在于，发薪日是一个可以预知的时间点。而我们的样本人群中有 64% 的人声称，他们是在月底领取薪水的。

必须说明一点，我们的研究发现是建立在口头数据基础上的，故而应当予以谨慎对待。不过，密歇根大学经济学教授马修·夏皮罗所做的一个相关实验并没有以受试者宣称的数据为凭据，因此他的实验结果就为我们的发现提供了必要的佐证。

他使用来自“Check”——一种能追踪用户账户余额的智能手机应用程序——的数据，对 2300 个人的消费支出模式进行了监测，前后时间跨度长达 300 天。监测结果表明，发薪日这天的消费支出增长明显，平均增幅达 70%。即使将水电燃气费刨除在外，支出增幅仍旧达 40% 以上并且持续了大约四天。夏皮罗担心，其中一部分消费支出增幅可能是他无意中漏掉的某些生活缴费贡献的。因此，他又针对具体的开支类别（如食品和咖啡）做了专门的分析，结果表明在发薪日之后的三到四天时间里，受试者的开支增幅为 20%。

再次说明，支出增长并不是“清一色”的：发薪日后低收入人群尤其容易花钱大手大脚。

顾客并不只在发薪日那天花销更大。任何时候只要是消费者得到一笔意外之财，如生日礼金或奖金，他们的开销都会有所增加。为了探究这一现象，三名俄亥俄州立大学心理学家——霍尔·亚科斯、辛西娅·乔伊娜和马克·普雷佐在 1994 年进行了一项实验。当时他们招募一批学生作为实验对象，其中半数学生在实验前一周被告知，他们可以领取 3 美元报酬，而其余学生则有望获得课程学分。然而，当学生们前来参与实验时，他们所有人都一律领取 3 美元的现金奖励。

受试者得到一个机会，可以用所得的现金在一个简单的骰子游戏中小赌一把。那些意外得到现金的受试者平均花费了 2.16 美元用于赌博，而原本就对酬金充满期待的受试者仅挥霍了 1 美元。

研究结果显示，意外之财比正常收入更有可能被挥霍——这一现象在各种情况下反复重现。世界银行经济学家卢克·克里斯蒂安森在坦桑尼亚和中国所开展的调查也得到了类似的结果。非劳动所得的收入更可能用于购买衣服、烟酒和礼物，而劳动所得的收入则往往用作主食和教育方面的开销。

这个发现对于确定目标受众具有重要意义。鉴于以 ABC1 人群为目标受众的触达成本较高，因此不妨采用一种替代方案，即以偏低端市场的消费群体为目标受众，抓住他们的支出增速与 ABC1 人群相当的可预测的时机实现广告触达。

3. 更好地进行转换

一个能避免“赢者诅咒”的策略就是，确保你比竞争对手从购买的广告印象数中挤出更大的价值。那样的话，即使广告印象的实际价值不及你的其中一个对手的出价，但它们仍旧可以让你有利可图。

这里介绍两个基本策略：

（1）确保你的广告印象比竞争对手的更容易被注意到并且更具功效。不妨重温一下偏差四和区别性的力量，也许会有所收获。

（2）一旦消费者接触到你的网站，就要尽可能有效地将他们转化为实际购买者。

（3）出价略减。

最后一个选项也是最简单的。一旦出现支付金额过高的苗头，就应认清这一事实并略微削减你的出价。如果你估计一千次广告印象的价值为 5 英镑，那么就适当减少出价，比如降低 10%，降至 4.50 英镑。

在适用“赢者诅咒”的情况中，群体是问题的制造者，个体很难胜过市场的集体智慧。但是，群体并非总引来麻烦。当涉及定向广告投放时，触达群体受众的效果反而更好。翻到下一章，我会为你展示相关证据。

偏差二十——群体力量

也许群众相信的并非他们自己而是他人

下午 4 点 03 分……

你又看了一眼手表……下午 4 点 07 分……

这个下午显得有些漫长。在检查过电邮并填写完工时表后，你终于可以收工了。

你决定在 YouTube 上观看选取自《我是艾伦·帕特奇》[①] 的几段短片。你找到的第一个视频场景是艾伦呆头呆脑地采访一个农民，结果令对方越发恼火。这个采访以艾伦指责农民让猪吸烟和用汉堡包喂天鹅告终。你试图忍住不笑，但还是发出了哼的一声。

你之所以觉得这个视频短片好笑，部分原因就在于电视剧中使用了罐头笑声（背景笑声）。如果你听到别人在笑，那么同样的素

① 英国电视系列喜剧。

材会显得更加有趣，对此电视制作人早已经了然于心。事实上，这一洞见的形成要比电视或无线电广播的历史更久远。

回溯至16世纪，剧院经理花钱雇人坐在观众席上，并对节目故作欣赏之情的例子就已有之。这些“帮腔者”的存在甚至后来被人们普遍接受——到了19世纪，剧院经理不仅聘请擅长发笑艺术的专业人士，而且还雇佣击掌人（专门负责拍手鼓掌）、泣泪者（可根据需要哭泣）、呼唤返场者（他们会大声叫“再来一个”）。

剧院经理对于这些“服务”总是出手大方，因为他们知道，一场精彩演出不仅仅来自舞台。

正如芭蕾舞评论家瓦季姆·加耶夫斯基所言：

观众相信的并非他们自己而是他人。如果他们听到有人热烈、卖力地鼓掌，就会觉得有不同凡响的事情发生。

群体动因对广告有怎样的影响

休斯敦大学两位心理学家张勇（音）和乔治·赞肯在1991年进行了一项实验，其结果可以用幽默具有的感染力来解释。

研究者招募了216个学生，把他们分成一人组、三人组和六人组，然后让他们观看30分钟的音乐视频，其间插入了若干软饮广告。为了让实验尽可能显得逼真，受试者被告知，他们要就自己的音乐偏好回答相关提问。

研究者的主要发现是，当受试者独自一人观看广告时，他们对广告内容的评价往往最无趣。当受试者三人一组或六人一组观看广告时，他们报告的广告内容的有趣度分别比前者高21和10个百分点。

群体影响力可能起因于社会认同——这个概念阐明，人们会受他人行为的影响。如果一个人发笑，那么别人就会受笑声的传染，进而觉得引起发笑的内容很有趣。

品牌能从幽默的社会属性中学到什么

重点在于，一则广告的趣味性并不单纯是一个创意问题，它同时还牵扯到媒体投放。你应该把群体观众而不是单独的观众作为投放对象，这样可以增加广告带给人的趣味感受。

群体效应不仅仅体现在笑声中，群体规模的影响力远远超出有趣广告的范畴。2014 年，田纳西大学社会心理学助理教授盖瑞·施泰因伯格和他的研究团队招募了 121 名学生，让他们在一台电视上观看 30 幅图像。受试者或单独一人或两人一组观看，他们每看过一幅图都要对自己当时的感受做一评价。

研究人员将受试者的性别和先前情绪设为控制变量，从而发现一个规律，即结对成组的观众的反应更趋于强烈：愉悦的画面让他们更加开心，而凄惨的画面则令他们更为悲伤。当他们把使人恐惧的广告以及令人开心或伤心的视频给其他受试者看时，也观察到了类似的效果。

施泰因伯格从进化论的角度对此做了解释。漫漫历史长河中，人类大部分时间都是依靠结成群体、抱团取暖才得以生存下来的。倘若一件事吸引了其他群体成员的注意，那么它也同样值得你的关注。

如何运用这种效应

优先考虑群体观看的时间点

我提到的这些实验都证明了一点：如果观众是几个人一起收看幽默或情感广告的，那么广告效果会得到放大。

如果你的广告文案是以电视为媒介的，你可以精心挑选出适当的体裁和节目，以便能增加群体观众收看广告的概率。举例来说，根据印孚瑟斯公司（Infosys）的数据，群体观众收看电影、纪录片和新闻的概率是电视整体收视概率的两倍左右。

从媒介渠道规划的角度来说，在电影院投放幽默类或情感类广告也是一个不错的选择：因为“消费”广告的观众群体规模要大很多。据行业性评测机构 FAME 的调查数据，去影院看电影的成年观众的群体规模平均为 2.7 人。

2009 年，米尔沃德·布朗公布了对广告效果所做的量化研究。在他们的实验中，一个不知名的品牌在两个不同地区使用同样的一则广告文案：一个地区只在电视上打广告，另一个地区则只有影院广告。

观众对电影院广告的喜欢程度明显大于电视广告——61%的影院观众说，他们“很享受其中的幽默”，而只有52%的电视观众这么说。不仅如此，在其他受监测的指标上，电影院广告的效果也比通过其他渠道投放的同样文案高出15%至21%不等。因此可以说，“它是那种在你脑海里挥之不去的广告”。

尽管这些方法并不能让广告实现从平庸到优秀的蜕变，但却有可能给予些许优势，使它们比那些以较为寻常的方式购买的广告文案更胜一筹。如果说转型是你孜孜以求的，那么下一章或许正是你感兴趣的内容。而这一切都要从价格的力量说起……

偏差二十一 ——韦伯伦商品

高定价何以推动需求增长

今天是一位同事的生日，你的一个团队给他准备了一份惊喜：一块毛毛虫蛋糕和几杯起泡酒。香槟酒好喝又助兴——不仅凉爽畅快，而且甘甜中带有一丝淡雅的回味。你喝光了杯里的酒，于是奔向厨房想再添点。

厨房操作台上有几瓶起泡酒，香槟酒已经没有了。从标价 4.99 英镑的价签上可以看出，这些都是商店里最为便宜的酒。你把酒杯续满，抿了一口后又一想，觉得这酒甜得有点发腻。

受价格的影响，你对葡萄酒的兴致发生了微妙的变化。你从过往经验中悟得了一个道理：昂贵的东西往往质量较高。这一观念已经如此根深蒂固，以至于真的在现实中得到应验。

杜克大学心理学和行为经济学教授丹·艾瑞里就价格力量对于消费者感知的引导作用进行了研究。2008 年，他通过分类广告网站

Craigslist 招募了 82 个受试者，这些人愿意为了科学而接受两次轻微电击：一次是在服用镇痛药之前，另一次在服药之后。其中半数受试者被告知，一剂镇痛药的价格为 2.50 美元，而对另一半人报的价格只有 10 美分。实际上，所有人拿到的“镇痛药”都只是安慰剂而已。

在服用较便宜的镇痛药的受试者中，只有 61% 的人说痛苦有所减轻；而那些服用较为昂贵的镇痛药的受试者中，报告痛苦得到缓解的人占到 85%。高价格药物让受试者认定其功效应该更好，而这一认识反过来又影响到了他们对药物的实际感知。

昂贵香水的馥郁芬芳

这些结果激起了瑞贝卡·斯特朗和我的好奇心，于是我们策划并在同事中间开展了一项实验，意在检验此偏差是否适用于商业环境。我们在前台摆了一个香水摊，摊上有各种各样的香水，并且每瓶香水都被标明了价格。来到摊位前的员工先试用香水，再对自己购买香水的可能性大小进行评分。

实验进行到一半时，我们更换了测试香水的价签并将价格提高一倍，即从 40 英镑增加到 80 英镑。这个小改动产生了大影响。较之于低价香水，员工对价格更高的香水给出较高评价的可能性翻了一番还多。对于标价较低的香水，仅有 33% 的受试者给香水的评分为 7 分或更高（满分为 10 分）。相比之下，对于较高标价的香水，这一比例数上升至78%。不出所料，价格可以传递质量信号，且不受基础产品的任何变动的影响。

如何运用这种效应

1. 组合策略

很多品牌都是质量各异、价格千差万别的产品的组合。有两个现成例子：特易购的商品分为实惠类、普通类和精品类；而奥迪的产品系列则涵盖了从入门级轿车到高端汽车的各种车型。

制定广告预算的标准方法就是根据每个产品线的销售额来分配资金。不过，上述实验为所有努力克服产品质量感知挑战的品牌商提供了一个替代解决方案。由于价格可以起到传递质量信号的作用，精明的品牌商应该把营销投入的重心向高端产品倾斜。这样一来，高品质产品的“光环”对于整个产品组合便能够形成辐射作用。

这就是奥迪采取的策略。电视荧屏上鲜见该公司较低成本的车型，因为电视媒体通常是专为那些最引人注目，且价格一贯昂贵的车型保留的。售价达六位数但销量低迷的奥迪R8跑车甚至都曾登上过电视广告。

一种更趋极端的策略便是直接推出一款高端衍生品——这正是麦当劳在2015年的营销思路，当时他们推出了定价为4.69英镑的“招牌”汉堡。这款汉堡是几家米其林星级餐厅主厨集体创意的结晶，它可根据客人需要特别定制，面包坯采用的是奶油酥皮面包——这么做的目的在于传递一种令人信服的质量信号。

对这种策略进行精准无误的评测是问题的关键所在。不要将高端衍生品的销售业绩作为判断成功的依据，而要看消费者对品牌的整体感知有何转变。

2. 慎用折扣策略

既然高价格可以提高质量感知，那么低价又会有怎样的作用呢？斯坦福大学市场营销学教授巴巴·希夫试图探个究竟。

希夫让招募来的学生解答数学智力题，每答对一道题都会给他们一点赏金。在接受测试之前，学生们得到允许可以购买一个含咖啡因的能量饮料。据说，喝了这种饮料可以使注意力集中。全价的饮料卖给了其中半数学生，而另一半学生是以折扣价购买的饮料。那些购买打折能量饮料的学生答题的正确率要比购买全价能量饮料的学生低30%。低价对我们的产品期望值的毁伤力丝毫不亚于高价对产品期望值的推动力。

对于通过降价来扩大市场份额的诸多品牌商而言，这一研究发现足以让他们感到坐立不安。折扣降价策略虽然可以在短期见效，但从长远看，最终“打折”的是消费者对品牌的合意度。

WPP集团首席执行官马丁·索雷尔爵士借用膳食营养学概念做了一个有趣的类比。他把促销比作“有害胆固醇”：其固然有扩大销售的作用，但却会以损害品牌健康为代价。相比之下，广告的作用类似于“有益胆固醇”：它既可以促进销售，同时也能保持收益性和对品牌资产起保护作用。

正如进食少量有害胆固醇无伤大雅一样，偶尔打促销牌也并无大碍。但事实上，品牌搞促销不仅不会“小打小闹”，而且还总是深深沉迷其中。最近，来自英国权威消费杂志 *which* 的统计数字显示，在英国销售的所有食品杂货中，40% 以上都是以促销方式卖出的。

品牌要想在健康发展之路上走得长远，就应设法避免陷入促销“持久战”。

3. 仔细考量你的调查样本

一种批评行为科学的观点将矛头指向调查样本，认为它们不具有代表性。因为，调查者往往利用最容易招募的人——学生——而不是最具代表性的人作为受众。

这一批评颇为中肯。香水实验是我此前从未做过的实验之一，而将员工作为受试者的做法使实验的价值受到了限制。如果我重做这项实验，我会从公众中招募受试者。至于实验方法则很简单——在高街[①]上摆一个摊位，然后对路人做拦截访问，并答应给对方某种形式的奖励。我发现，最有效的奖励是面值 1 英镑的彩票刮刮卡。

① 高街（High Street），在英国和英联邦国家指城镇中的主要商业街。

它的价值不高，且往往比现金更为有效。

此外，还有一点值得注意：样本量本身并不能决定数据集合的稳健与可靠性。样本必须具有代表性，但这一原则在人们都急于拥抱大数据的当下总被置之脑后。《金融时报》专栏作家蒂姆·哈福德举了个例子——一款用于调查波士顿路面状况的手机应用 Street Bump，该软件利用智能手机的加速度传感器来记录道路坑凹对车辆造成的颠簸。市政部门可根据这些数据引导维修车辆赶往需要做路面修补的地点。相对于先前派工人在大街上四处逡巡、寻找道路凹坑的办法，这一技术大大提升了工作效率。

但也有一个问题……

套用哈福德的话来说就是：

Street Bump 的真正价值在于——视安装它的智能设备而定——生成一个标明道路凹坑位置的地图。然而，其受益者基本上是那些智能手机拥有率更高地区的年轻富裕居民。换句话说，Street Bump 提供的是“大数据即全数据”（N=All）意义上的服务——每台具备这项功能的手机所能记录的每一处路面坑凹的情况，而这与把每一处坑凹都记录下来不是一回事。

另一个危险在于，如果你在数据准确性的问题上操之过急，你设计的实验就有可能过于复杂。这就会导致实验费用过高，你所能承担的实验的数量受限。这些实验的意义并非对问题做出 100% 肯定的回答。它们的作用在于，让你有足够证据针对你的广告信息做一个较大规模的实验。

人们对于行为科学的顾虑远远不止于代表性样本的问题。像是布莱恩·诺赛克这样的批评者还担心，有些实验无法加以复制。幸好，我们在下一章中就将探讨实验的可复制性。

偏差二十二——可复制性危机

请时刻保持怀疑的态度

你刚呷了第一口咖啡，便痛苦得龇牙咧嘴。过去两周中，每一次喝热饮，你的后牙都会经历一阵钻心般的疼痛。

你决定打电话同你的牙医做个预约，在牙痛变得更严重前让他给看一看。

打了几通电话后，前台接待员有了回复。她先对你表示了关心，然后查了查牙医可以预约的时间。“恐怕，”她说，“只有在周四上午十点，丹尼斯医生可以给你看病。”

你定了这个时间，撂下电话。丹尼斯医生的名字和他的职业听起来如此相似[①]，这让你不禁会心一笑。

有一种被称为“姓名决定论”（nominative determinism）的观点

① 英文中，丹尼斯为Dennis，牙医为dentist，两者发音有相似之处。

认为，人们会被吸引去从事与他们的名字有关联的职业。支持这一观点的例子包括：比利时足球运动员马克·德·曼[①]、英国广播公司气象预报员萨拉·布利泽德[②]和《狼蛛的正确养护》一书的作者安·韦布[③]。我最喜欢的事例发生于1923年，当时的神经病学期刊《脑》正寻找一位新主编，以接替亨利·黑德[④]爵士的工作。接替黑德的是布雷恩勋爵，后者的名字取得更是恰到好处[⑤]。

人们相信姓名决定论由来已久，其中不乏一些知名的支持者。1952年，精神分析学家卡尔·荣格说："一个人的名字同他的特质之间有时存在一种非常奇怪的巧合。"他注意到，因提出快乐原则而闻名于世的西格蒙德·弗洛伊德的姓氏可以翻译为"Joy"（"快乐、喜悦"）。

这一理论不仅有传闻逸事作为佐证，而且还得到实验证据的支撑。2002年，纽约州立大学布法罗分校的三位心理学家布雷特·佩勒姆、马修·尼伦伯格和约翰·琼斯共同发表了一份名为《为何苏茜要在海边卖贝壳》[⑥]的论文。他们对美国人口普查局的统计数据

---

① 马克·德·曼（Mark de Man）与英文神射手（marksman）一词类似。

② 英文中，布利泽德与暴风雪（Blizzard）是同一单词。

③ 英文中，韦布（Webb）与蜘蛛网（web）一词相近。

④ 英文中，黑德（Head）与脑袋（head）是同一单词。

⑤ 布雷恩勋爵的姓（Brain）与英文的大脑（brain）是同一单词。

⑥ "苏茜在海边卖贝壳"翻译自一句英文绕口令：She sells seashells by the seashore。（她在海边卖贝壳。）论文作者把"她"变成了"苏茜"，试图假设苏茜（Susie）、贩卖（sell）、贝壳（seashell）和海边（seashore）之间可能存在某种关联。

做了分析并发现，名字叫丹尼斯的牙医要比名字叫沃尔特的牙医多88%，尽管它们都是同样的常见名。

这几位学者推测，隐含的自我中心主义（egotism）是这种现象的成因。人们能从自己的名字中感受到亲切温暖，而这会吸引他们去从事那些名称听起来与其姓名相似的活动。这是一个貌似合理的解释。

但问题在于，这个假设根本就没有事实依据。

在海边卖贝壳的除了苏茜还有安娜

尽管相关的传闻、阐释和证明听起来令人信服，但它们却得不到确凿证据的支撑。2011 年，宾夕法尼亚大学沃顿商学院的尤里·西蒙森则完全推翻了这一理论。他指出，就大多数职场人士而言，丹尼斯都是一个比较常见的名字。这可以简单地解释为：沃尔特这个名字的总体普及率可能与丹尼斯并无二致，但绝大部分老辈人都偏爱前者。换言之，名叫丹尼斯的人刚好处在劳动年龄之内的可能性要更高。

“姓名决定论”并非唯一被戳穿真相的理论。弗吉尼亚大学心理学教授布莱恩·诺赛克曾经设法对学科中带有欺骗性的研究结果进行一次“大清扫”。他招募了 270 位科学家，对 98 项已公之于众的实验进行了重演。重演结果与原始结果相符的比例之低，令人不免感到担忧。最终，仅有 36% 至 47% 的研究得以成功复制，具体比例数因采用的统计测度不同而异。

为何成功复制的比例如此之低？有人将此归咎于彻头彻尾的造假舞弊行为，也有人认为这是P值操纵（p-hacking）的结果。所谓“P值操纵”指的是，对诸多变量漫无目的地进行检测，以期完全凭借侥幸获得有显著统计学意义的结果。

诺赛克的工作是对我们的一个提醒：不要过分看重那些以单一实验为依据的研究结果。

如何运用这种效应

1. 保持怀疑态度，但不要认为“天下皆黑”

诺赛克所做的一系列实验引起了广泛兴趣和关注。有些对心理学持批判态度的人甚至建议，这门学科应该被打入“冷宫”。南澳大学市场营销学教授拜伦·夏普将心理学的研究发现奚落为“中看不中用的东西”、学术研究领域中的“娇嫩鲜花”。

但他全盘否定这门学科是否恰当呢？

哈佛大学心理学教授丹·吉尔伯特建议，对这种“一棍子打死”的做法还是要小心谨慎为妙。他针对诺赛克使用的方法中的一些要素提出了批评。他特别强调，部分最新研究并非原创性实验的忠实的翻版。这是一个值得忧虑的问题，因为环境背景是社会心理学的核心原则之一。所以真正有意义的复制实验必须确保背景因素恒定不变。还有人补充说，被吸引参与该项目的研究者属于哪一类带有偏见的科学家，他们一心想要揭穿案例背后的真相。

吉尔伯特提出的一条批评意见最切中要害——实验重演仅仅尝试了一次而已。诺赛克先前的研究名曰“多所实验室复制项目”，旨在借助 36 所实验室的资源对 13 项研究进行多次复制。当结果作为一个整体被收集采纳时，项目所涵盖的 13 项研究中有 10 个得到了验证。然而，如果仅对其中一所实验室的复制结果进行分析，那么将意味着，相当一部分研究都无法重演。

诚然，有些研究的确存在瑕疵，甚至有些还可能是“伪研究”。但因此而将整个领域都一笔抹杀，那就是反应过度、因噎废食了。既然你对心理学予以全盘否定，那为何不对其他学科也同样采取这种“一刀切”的方式呢?

斯坦福大学高级研究员丹尼尔·法内利在《自然》杂志刊文说明，可复制性问题在药物研发和肿瘤生物学领域更加突出。此外，加州理工学院行为金融学和经济学教授科林·凯莫勒在 2016 年发表的一项研究显示，18 项经济学研究中无法复制的占到了 7 项（若采用一个不同的统计测度则降至 4 项）。很显然，这个问题对心理学以外的其他学科领域也都产生了影响。

对于心理学或经济学的研究发现不分青红皂白，一概予以否定，这种做法既不合理也不明智。但同时，诺赛克的研究也提示，对这个问题大家应当谨慎处理。切不可将单一研究结果当作确凿证据。

一旦你认定自己找到了一个相关偏差，你应该在做大量投入之前，先对这一偏差进行小规模的检验。

总之，既要谨慎行事，又要避免钻进怀疑一切的死胡同。

2. 营销工作者应该关心的是利润，而不应过分在意结果有多大把握

在判断研究结果是否具有发表价值时，学者所依据的标准衡量指标是在 95% 置信区间内的显著性。换句话说，它们属于随机性结果的概率仅为二十分之一。这就是诺赛克在其复制性研究中所采用的统计检验的临界值。

但 95% 是恰当的基准吗？

这个特定比例数其实是主观选择的结果。威廉·西利·戈赛特是最先提出统计显著性的人之一（学生 t 分布或 t 检验就是他首创的），他主张调查所需的把握度应该能够反映出你面对的问题。

想象一下，你正准备要过马路。虽然你有 95% 的把握不会被车撞到，但把这作为确保安全的最低临界值将会有一定隐患。然而，倘若你要在输赢机会均等的赌局下注，你就不应该等到有 95% 的把握时才出手。因为那样做，你会错失很多赢钱的良机。行动固然会付出代价，但不去行动也会付出机会成本。

戈赛特对于具体情境的重要性有充分的认识，这一点可以从他的商业经历而非其学术背景中得到解释。戈赛特曾经供职于健力士啤酒厂，他的兴趣是利用统计学方法挑选出产酒量最高的大麦品种。他的着眼点在于如何使利润最大化，而不是追求绝对的确定性。

很多营销决策都不需要 95% 的把握度。正如罗里·萨瑟兰所说:

有时，我会问学者，在他们做过的失败实验中，是否有我们可能感兴趣且能够为我们所用的。你要知道，即使只有 20% 的人在 10% 的时间里做了某些不同寻常的事，这些事情对于撰写学术论文也许毫无意义，但却可能关乎商机的把握。

如果说利大于弊且潜在好处很多，而弊端微乎其微，那么一再坚持 95% 的把握度，最终结果就只会是弄巧成拙。

假设你刚读过一篇论文，其阐述的观点是，人们在心情好的情况下更有可能留意到广告。你下一步要做的就是着手进行一次小的实验。如果这个新的目标定位策略并不比你以往采用的方法好多少，那就无须再做尝试。毕竟，由此造成的损失无关痛痒。但如果这个策略的效果要好过用以对照的方法，你就可以不断重复并一次次地扩大规模。幸运天平正逐渐向你倾斜：失败仅有一例而已，成功则是接踵而至。

这会对你产生激励作用，让你如饥似渴地去搜罗心理学家进行的新实验。每当一项实验看似前景可期，就应进行一次小规模的验证。在你测量偏差的影响力大小时，务必要分离出变量对每个受众的影响。近期研究表明，偏差对不同人群的作用形式也是各种各样、千差万别的。有关这一部分的内容将占据接下来的若干篇幅。

偏差二十三——偏差的多变性

偏差如何通过不同方式影响细分受众群

你之所以特意推荐这家酒吧，是因为这里有品类齐全的爱尔啤酒。你在人群中挤出一条路，来到吧台前，但却还拿不定主意买哪种酒，于是对着啤酒泵仔细察看了一番。通常情况下，你会选择一款黑啤酒，但放在碑酒泵顶部的一个空杯表明，“半月”波特啤酒已经售罄。

你便转而寻找 IPA（印度爱尔）啤酒。布洛克威尔 IPA 打出告示说，自家酒是本周最受欢迎的啤酒。表面上看，它的口感应该不错，而“三棵树”低度 IPA 则没那么烈。鉴于你已经喝了不少，你觉得还是后者比较适合自己。

看到酒吧招待走上前来，你便迅速做出了决定。“请给我来一杯‘三棵树’，”你脱口而出道，“再加两包咸酸味薯片。”

在偏差二中，我大概介绍了社会认同的实效性。社会认同信息的作用就在于，向消费者指明，哪一个是最受欢迎的选择。

亚利桑那州立大学心理学教授罗伯特·西奥迪尼通过重复使用毛巾的实验证明了，社会认同信息会使人的行为发生戏剧性变化。社会认同的力量在各种类型的情境中都得到了证实：从吸烟到食品选择，再从下载音乐到征税。在与此情形最相关的一项实验中，理查德·克莱和我证明了，社会认同会影响消费者对啤酒的选择。

但为什么这晚，社会认同效应对你不起作用了呢?

“轻推理论”不具有魔力。它无法在任何时候都能促成每个人行为的转变。从该理论的名称便可看出端倪：它被定义为“轻推”而不是“猛推”。一般而言，“轻推”的作用就在于提高人们特定行为方式的可能性。但为什么有些人会受影响，而有些人则不会呢?

最近，有关学者在这方面做了进一步的研究。

社会认同究竟何时最有效?

行为洞察力小组肩负着在英国政府各部门推广组织行为最佳做法的使命，它进行了其中一项最具知名度的实验——结果证明，社会认同可促使纳税人及时完税。正如本书先前章节阐述的那样，一条写有“大多数人都是按时纳税”的留言使得截止期限前完税的人数增加了15%。

然而，人们所不太了解的是，社会认同对人的影响方式不同且程度各异。这种差异极其悬殊，甚至于在有些被试组群中，社会认同信息产生了适得其反的效果。举例来说，相对于对照组，对负债额居前 5% 的债务人传达社会认同信息后，征收的税金反倒减少了 25%。对于负债额居前 1%、欠债额超过三万英镑的债务人，结果更是有过之而无不及——传达社会认同信息后，他们的偿债水平大幅下降了 35%。

对此，行为洞察力小组首席执行官戴维·哈尔彭提出的假设是：那些经营大公司且面临巨额税单的人自认为与众不同——在他们看来，别人怎么做与自己无关。正因为如此，社会认同在他们身上起到了事与愿违的效果。

这是一个有趣的发现，行为洞察力小组决定对其做进一步的研究。2015 年，他们对 98784 个债务人进行了一项实验，目的就是想搞清楚，哪种信息对债务额最大的人群的作用效果最佳。

结果表明，最有效的信息是把重点放在未缴税所带来的后果上：它强调说，如果我们不按时纳税，那么我们都将无法享受必要的公共服务，如国家医疗服务体系（NHS）。凸显损失的信息框架效应对于缴税率有明显的拉升作用：负债额居前 5% 的债务人的缴税率增加了 8%，负债额最高的 1% 的债务人的缴税率增幅更是达到 43% 之巨。

综上所述，我们不难得出一个结论："一码通吃"的办法并非理想之选。就征税而言，最有效的解决之道是，在传递一个宽泛的社会认同信息的同时，对负债额最高的纳税人使用损失框架信息作为补充。

如何运用这种效应——切忌躺在功劳簿上不思进取

人们很容易陷入这样一个误区：先是运用“轻推”策略，看到结果有所改进后，便认为自己已经大功告成。然而，行为洞察力小组的经验表明，你可以对你所采用的方法不断加以细化，使其更因地制宜和因人而异，从而取得持久性的进步。要做到这一点，就必须进行大样本量的实验，以便按照人口统计学、态度和行为特征将被试者细分为不同的人群。尽管这会增加研究成本，但却能大大提升实验效果。

我曾就此问题与行为洞察力小组常务总监欧文·谢伟斯进行过交流，他给出的建议是，首先开展较为简单的实验。一旦你证明了，“轻推”策略对你的业务确有一定价值，那么接下来便可以采用较大规模和较为复杂的细分方法。

在对数据做了细分并搞清楚你所检验的偏差（如社会认同）的相对影响之后，你就必须对你的策略予以完善。如果有被试组群对某个偏差产生了消极反应，那就另选一个方案进行测试。

找出与任务相配的偏差

某种偏差在一个情境中起作用，但换作另一个情境，它却有可能产生适得其反的效果。因此，必须要找出与任务相配的偏差。你只有对所适用的偏差的作用了然于心，才能选择最恰当的轻推方式。

不妨拿稀缺性和社会认同作为例子。社会认同是基于一种普遍的信念，即很多人都在做的事往往是正确的。这可以从进化论的角度来解释——社会认同就是一种有效的自我保护策略：在受到威胁的情况下，人多就意味着保险。

与此形成对照，稀缺性可以说明为什么限量版产品具有吸引力：消费者觉得稀罕的东西肯定是值得拥有的。进化论原理中的求偶策略同样也为稀缺性提供了合理解释——这种策略能让动物脱颖而出，进而成功吸引到异性。从本质上说，孔雀开屏和炫耀性消费有异曲同工之妙。

换言之，不要随随便便地使用偏差。比如就稀缺性与社会认同这两种偏差而言，正确的做法是让它们分别在浪漫和恐惧的时刻派上用场。

这一观点得到了明尼苏达大学市场营销与心理学教授弗拉达斯·格里斯克耶维奇的相关研究的支持。

他和他的团队招募了154个学生，让他们观看恐怖或者浪漫的视频片段。为了在受试者当中制造恐惧情绪，研究团队给其中一部分人播放了一段7分钟长的剪辑自恐怖电影《闪灵》的片段；而为给另一部分人营造罗曼蒂克的氛围，他们放映了电影《爱在日落黄昏时》的片段。

这是不是有点“不靠谱”？当我第一次读到这部分有关实验的内容时，我是抱有怀疑态度的。一个视频片段是否真的能诱发出一种特定的情绪呢？研究者对此做了反复的确认。他们又另外招募了96名学生，给他们播放了同样的视频。看过视频后，观众对自己的情绪做出了评价。结果显示，这种刺激方式达到了预期效果。

进入适当情绪状态后，最早那批受试者看了一则广告——其内容要么是宣传一座博物馆的，要么就是推广一家咖啡店的。每则广告都有两个版本，分别对应的是社会认同和稀缺性偏差。举例而言，对于那座博物馆的描述就是给游客带来独一无二的体验，或是受到游客普遍欢迎。在对广告浏览15秒钟后，他们在一个9级分数量表上对广告的吸引力评了分。

处于恐惧情绪中的学生认为，传递社会认同信息的广告最具有吸引力：它比传递稀缺性信息的广告高31%。相比之下，那些内心浪漫被唤起的观众则更偏爱传递稀缺性信息的广告——它比传递社会认同信息的广告高30%。

这篇论文的题目是什么呢？鉴于其中一些广告的场景设在拉斯维加斯，因而论文标题被定为《惧恨拉斯维加斯》——它套用了亨特·S. 汤普森[①]所写的作品名字《赌城恨憎》[②]。

---

① 美国作家，其性格张扬反叛，特立独行，因独树一帜的新闻写作风格而被称作“刚左新闻”之父。2005年，他以开枪自杀的方式结束了67年的传奇人生。

② 论文作者使用汤普森的代表作《惧恨拉斯维加斯》的谐音作为论文题目，意在达成双关效果。

这些发现具有实际意义。恐怖片也好，浪漫爱情片也罢，它们都是电视节目当中的“主力军”。无论你投放的广告采用的是社会认同信息还是稀缺性信息，都要确保选择适当的节目来插播广告。

要想取得优势，你就必须根据目标受众的特点，有针对性地选用基于适当偏差的策略，同样，“量身定制”你的广告文案也会让你获益良多。在下一章中，我将围绕个人化（personalization）做深入探讨。

偏差二十四——鸡尾酒会效应

你可以做的和你应该做的其实是两码事

你终于还是忍不住去听几位同事在聊他们最近晚上出去消遣的事。但只有当他们漫无边际地讲到一半时，你才竖起耳朵用心倾听。是不是在那一刻，你听到有人在房间另一头道出你的名字?

20 世纪 50 年代初，类似经历也发生在科林·彻里的身上。在某日下午举行的一场派对中，当彻里与友人聊天时，他听见房间的对面有人叫自己的名字。他感到不解的是，为何他只听到自己的名字，而对其他谈话内容却充耳不闻？况且事实上，对方似乎并未大声喊出他的名字。

彻里是帝国理工学院的一位认知科学家，他认为之所以发生这种怪异现象，是因为我们接触到的信息量已经超过我们有意识地处理信息的能力。潜意识可应对大部分感官输入的信息，而只有一小部分信息是在意识作用下处理的。我们的大脑在判定哪些信息值得在意识层面上给予关注时，其参考依据之一就是个人相关性——这种现象也被称为“鸡尾酒会效应”。

媒体版图就好比一家拥挤的酒吧

广告主对彻里的理论抱有兴趣，因为该理论有助于解决他们面对的其中一个最大问题：如何引起别人的注意。

几年前，《卫报》对我们记住的广告所占的比例进行了量化。他们给一名记者配备了头戴式眼动追踪器，用以监测他所接触到的所有广告，然后让他在伦敦走街串巷。过了几个小时后，他被要求把他所能记住的广告全都列在一张单子上。结果显示，他记住并列出来的广告数量还不到他所接触到的广告总数的 1%。

彻里的研究证明，个人化是吸引注意的一种手段。这意味着，当今的广告主较以往任何时候都能更轻而易举地获得消费者的注意力——因为后者会在线上留下数据痕迹。

然而，这个策略牵扯到几个根本性问题。

你可以做和你应该做的是两码事

使用消费者名字的横幅广告容易引起注意，但它们也会招人反感。在广告主看来，个人数据属于公共财产，这让广大消费者深感不安。在我调查的304个消费者中，36%的人都表示了不满，他们说个人化的横幅广告是完全不可接受的。

这个问题背后的原因，与其说是难以消除人们对个人隐私被泄露的担忧，倒不如说是消费者还不太习惯和适应。个人化在媒体领域已经基本得到了认同——譬如直接邮寄广告，直接给个人客户写信的做法早已有之。受访者中只有23%的人觉得，个人化的信件是不可接受的。

所有新媒体在问世之初都会引起一片哗然。如今，报纸广告对于我们而言似乎已经无关痛痒。但在1892年，当《泰晤士报》开始在社论旁边刊登广告时，一位报纸读者曾就此提出抱怨，说这种做法“粗鲁庸俗”。而在那之前，这家报纸只在底版版面开辟了专门刊登广告的区域。

1952年，英国广播公司创始人约翰·里斯勋爵做了一个著名的比喻——他将商业电视的前景比作天花和黑死病。可事实证明并非如此：甚至最苛刻的批评者都不会同意，独立电视台[①]就像里斯描述的那般糟糕。

尽管消费者对个人化的反感会随着时间的流逝而逐渐淡化，但对于当前的广告战役来说却是“远水解不了近渴”。毕竟，广告战

① 英国独立电视台于1955年正式开台，是英国最早的经营广告的商业电视台，也是英国广播公司最大的竞争对手。

必须着眼于如何应对现实，而非有朝一日可能发生的事情。

第二个难题在于，一旦你在个人化问题上犯了张冠李戴的错误，它就会给你造成不小的麻烦。不幸的是，这种错误屡见不鲜，而原因就是用于确定目标受众的数据经常存在瑕疵。

在撰写本章时，我查看了谷歌针对我本人的分析数据。如果你想要找到有关你的数据，可以登录网页：www.google.com/setting/u/o/ad。谷歌根据数据推测，我是一名男性，年龄介于35至44岁之间。这个推断完全正确。它同样准确识别出了我的职业兴趣和某些个人爱好——培训师、咖啡、民谣和足球。但它却把体育格斗项目、卡车和划船错当成了我感兴趣的东西。

这些错误会给人带来困扰。正如VCCP广告公司创始人查尔斯·瓦兰斯所说的那样：将毫不相关的人或事生拉硬扯到一起要比张冠李戴糟糕得多。这就好比是，仅仅因为约克郡和兰开夏郡相邻，便把约克郡人叫作兰开斯特人[①]。又好比在星巴克咖啡店，我前面的一位老兄的咖啡杯上被人写上了“Pies”（果馅派）[②]，而原本应该写他的名字“Piers”（皮尔斯）。

① 英国历史上，约克家族和兰开斯特家族曾是不共戴天的仇敌。玫瑰战争（1455—1485年）便是两个家族围绕王位的争夺而引发的。

② 英文中，pie还有爱唠叨的人的意思。

如何运用这种效应

1. 采用较为缓和、婉转的沟通方式

鉴于个人化存在一定风险，因此品牌既要做到与个人相关，又不能令人反感。这种平衡很难达成，而本地化（localisation）不失为一个解决之道。本地化策略既有能够吸引人们注意力的足够相关性，又不会过多涉及个人隐私，从而不会冒犯到别人。

德高集团所进行的一项实验充分展现了这种策略的优势。他们为一家宽带服务供应商投放了两种户外广告。其中一个版本的广告推介的是面向英国全国的宽带服务，另一个则着重宣传了在广告投放地点——查令十字车站——提供的宽带服务。针对本地需求定制的广告宣传活动所产生的品牌自发性认知（spontaneous awareness）要比全国性的广告信息高出 14 个百分点。

2. 弥合信任鸿沟

本地化的好处不仅仅限于提高品牌回忆率。我把一套虚构的新的能源价目表告诉给了 500 个具有全国代表性的消费者。半数受试者被告知，新的资费标准平均可为每个家庭节省 100 英镑开支；而对另一半人说的是，新的资费标准可以给他们各自所在城市的家庭节约等量的开支。

在对信息因地制宜地做了修改后，10% 的受试者同意，新价格

可以带来很大实惠。相比之下，在获得面向全国的信息的受试者中，只有 4% 的人持有同样观点。对文案所做的小调整使得广告效果提高了一倍。

这一结果表明，本地化不仅可以提高品牌回忆率，也能增强广告效果。

但这到底是什么原因呢？

也许原因就在于，消费者对广告诉求抱有普遍的怀疑。根据益普索 - 莫里市场调查机构对 2000 个消费者所做的一项调研的数据，有 38% 的被调查者声称，他们极少或从不相信广告宣传。他们对于新资费标准总体所能节约的费用均值根本不屑一顾，因为他们怀疑，这种语焉不详的广告诉求可能将具有误导性的统计数字做了掩盖。本地化的信息可有助于减轻这种焦虑，因为诉求越明确具体，欺骗行为就越无机可乘。

3. 慈善广告战役尤其得益于本地化

本地化用于慈善广告的好处尤为明显——因为慈善事业容易沦为“旁观者效应”的牺牲品，即在向众人求助的情况下，责任分散效应会导致最终无一人伸出援手。

20 世纪 60 年代末，哥伦比亚大学和普林斯顿大学的两位心理学家比伯·拉塔奈与约翰·达利最早就“旁观者效应”分别着手开展了研究。启发他们做此研究的是纽约历史上最臭名昭著的谋杀案之一，也就是我先前在书中提到过的1964年发生在凯蒂·吉诺维斯身上的那起冷血的被刺案件。据称，这次暴力事件有37或38个目击者（《纽约时报》同时采纳了两个数字），但没有一个人出手干预。报界将此解读为这座城市道德沉沦的标志。

然而，心理学家提出了一个截然不同的看法。他们猜测，现场缺少干预的情况与其说是众多看客麻木不仁的结果，倒不如说是旁观者数量较多所致。为验证这一假设，他们人为制造了几个“紧急情况”并对受试者进行监测，旨在确定他们在何种情况下更有可能出手相助——是单独一个人，还是在群体中间。在其中一个实验中，他们招募了一批学生，告诉他们要做一项有关个人问题的调查。就在学生填写测试题时，隔壁房间里的一个调查者假装癫痫发作。在单独受试的学生中，85%的人伸出了援手；而在四人一组的受试者中，这一比例数降至31%。

拉塔奈和达利分别在不同类型的“紧急情况”下重复进行了这一实验。每一次实验都得到了同样的结果：身处群体中的人出手相助的可能性较低。

慈善宣传必须要让人觉得，诉求是针对他们个人提出的。与此有关的例子就是我与“请献血”运动组织合作策划的一个公益项目。在这个案例中，我们对广告创意做了适当调整，以便能突出特定城市面临的血液库存不断减少的情况，而不是针对全国性的血荒问题。正如在本书先前章节中所讨论过的，这一策略得到的积极响应明显增加。

4. 警惕品牌“败血症”

但善不喜多，物极必反。我曾与查尔斯·瓦兰斯在他位于伦敦维多利亚站附近的办公室见面，向他讨教有关个人化的问题。他认为，个人化的价值就体现在其“一点一滴”的使用方式上，而如果你没有找准大众传播与个人沟通之间的平衡点，那么就很可能会招致麻烦。

瓦兰斯的具体阐述如下：

要让个人化策略发挥作用，你就必须创造品牌光环效应。如若不然，品牌“败血症”便会乘虚而入——它给品牌注入错误的养分和维生素，并最终需要阳光来祛除病症。品牌要与大众建立并保持接触，以便让公众形成统一的品牌认知和共同的品牌期望。

问题关键就在于如何掌握一个适当的平衡，这就像是广告宣传也要把握一个正确的度一样。

5. 贴近个人不等于个人化

在不借助个人化策略的前提下，也能让受众在沟通中感受到作为个体所应得到的尊重。

在有关大众媒体以个体受众为直接诉求对象的案例中，最著名的也许就是英国在第一次世界大战期间推出的绘有基钦纳勋爵[①]正面

① 英国元帅、勋爵，一战时任英国陆军大臣。

特写的征兵广告。对于这个广告，戴夫·特罗特描述道：

当时，同德国人作战的英国军队正面临兵员日益枯竭的问题，于是他们打出了一个征兵海报。然而，这张海报上却见不到大批成群结队的士兵的画面，广告标题中也没有“英国陆军缺少两百万新兵”这样的字眼。

海报上所描绘的基钦纳勋爵一只手指向画面以外，指尖就正对着看海报的人。标题的文字是：“你的祖国需要你。”这就形成了一对一的关系。这个海报借助一次劝服一个人的策略帮助军队招募到了数百万新兵。

鲍勃·莱文森是很多精妙绝伦的大众汽车广告文案的撰稿人，他就如何用个人口吻写广告词给出了几点实用的提示。他的建议是，不妨想象一下，你是在给你的一位密友撰写一则广告：

以“亲爱的查理”开头，接下来可以说“我想告诉你的是……”。假装你的沟通对象是一个非常睿智的朋友，但他不及你对产品那么了解。然后，当你完成这个文案时，只需将“亲爱的查理”抹掉就可以了。这个小建议透出了大智慧。如需更多建议，可以翻到下一章——尽管它们与上述建议相比略显平庸。我将会在这章讨论稀缺性在让品牌变得更具吸引力方面所起的作用。

偏差二十五——稀缺性

越稀缺的东西，你越想得到

你浏览了一下菜单，把主菜的选择范围缩小至牛排。你又为该点肋眼牛排还是点后腿肉牛排犯了难。后腿肉牛排的价格要便宜一些，而且这天晚上需要花销的地方还不少，但肋眼牛排的味道更好。直到侍者走过来，你仍在左右为难。

点过特色菜后，侍者却告知说，今晚很多人都点了肋眼牛排，所以现在就只剩下两份了。你想知道，肋眼牛排如此受欢迎，是不是因为它的味道特别好。然而还没等你开口，你的两位同事便抢先一步，各自点了一份肋眼牛排。

因供不应求而有诱惑力的商品不仅仅限于牛排。当数量有限时，商品往往会变得更具吸引力，这种现象被称为“稀缺性偏差”。

探究稀缺性偏差的最著名的实验是在弗吉尼亚大学心理学家史蒂芬·沃切尔牵头下进行的。1975 年，他招募了 134 名本科生并让他们给一批曲奇的品质打分。受试者被要求从装有十块或两块饼干的玻璃罐中拿出曲奇来品尝。当曲奇供应不足时，它们被认为更受人喜爱和更具吸引力。受试者甚至愿意多付 11% 的钱，只为能买到这些曲奇。

如何运用这种效应

1. 对消费者所能买到的产品的数量加以限制

此举似乎有违直觉，但限制消费者所能购买的商品数量确实可以促进销量的增长。1998 年，康奈尔大学市场营销学教授布莱恩·文森克对这种策略的有效性进行了研究。他设法说服了位于爱荷华州苏城的三家超市，让它们售卖打折的金宝汤罐头（Campbell' s soup）——每听罐头原价 89 美分，小幅打折后价格为 79 美分。打折罐头汤在三种情形下售卖：一种用于对照——购买数量没有任何限制，两种用于测试——其中一种情形下消费者只能购买 4 听，而另一种情形下消费者最多可以购买 12 听。

在不设限的情况中，顾客平均购买量为 3.3 听；而在供应“短缺”——设定购买量上限——情况中，顾客平均购买量为 5.3 听。这一结果暗示了，稀缺性对于销售量的增长有促进作用。这一研究发现完全经得起推敲，因为实验是在一家有真实顾客的超市里进行的。它既没有把口头数据作为分析依据，也没有将实验地点选在实验室，从而避免了消费者行为变化的可能。

这种打造稀缺性的促销策略之所以奏效，是因为它们利用了消费者对品牌抱有的真实感觉。顾客大都认定一个事实，即零售商的行事方式是受自身利益驱动的。正因为如此，超市推出限量销售的目的就是在暗示消费者，他们“捡到”了一个非常大的便宜，甚至于觉得商家是在亏本甩卖。

然而，在文森克的实验中，稀缺性并非唯一明显的偏差。倘若我们把那两个稀缺性条件下的销量增长单独分出来并加以比较，便不难发现，它们之间也同样存在显著的差异。当消费者被限制只能购买四听金宝汤时，他们平均购买了 3.5 听；而当限量为一打时，他们平均购买了 7 听。这一销量上的翻番可谓天壤之别。

这该做何解释呢？我们可以在锚定理论中找到答案。

2. 确保你沟通中的“锚点”（参考基点）对销量有提升效果

所谓“锚定效应”[①]是指，你将看到或听到的某个数值作为后续决策的一个参考点。而一旦有一个基准值（“初始锚”）呈现，那么无论这个数值相关与否，锚定效应都会对你的判断或决策产生影响。当时在位于耶路撒冷的希伯来大学任教的两位心理学家，阿莫斯·特沃斯基和丹尼尔·卡尼曼给出了锚定效应的原始证据。1974

① 一般又叫“沉锚效应”，是一种重要的心理现象。

年，他们做了一个看似奇特怪异的实验，并将实验结果发表在《自然》期刊上。

两位心理学家招募了若干受试者，让他们去转动一个幸运轮。这个幸运轮其实被做了手脚，也就是说当它停下来时指针要么定在数字 10，要么定在数字 65 上。当幸运轮停止时，转轮的人需要估计非洲国家在联合国成员国中所占的比例是多少。那些见到较大数值 65 的受试者所估计的比例为 45%，而那些见到较小数值的受试者猜测的平均比例为 25%，前者几乎是后者的两倍。

即使幸运轮上的特定数字与问题答案并无任何逻辑关联，但它却影响到了受试者的判断——他们的估算被设定了一个起始点（“锚点”）。那些见过较小数值的受试者认识到，10% 的比例显然过低了。那么 15% 呢？也许还是太低。20% 呢？也许吧。25% 呢？这个比例数听起来应该八九不离十。

那些以较大的数值为起始点的受试者重复了同样的过程，但与初始值较小的情况刚好相反，他们会向下调整，直至遇到第一个他们认为合理的数值时为止。鉴于这个问题只要求受试者做一个大概估计，因此他们给出的合理答案的跨度自然较大。最终，他们锁定了一个比前者大得多的比例数：45%。

锚定效应的影响也体现在商业层面。亚利桑那大学的格里高利·诺斯克拉夫特和玛格丽特·尼尔做过一个很精巧的实验，他们让几位房产经纪人给亚利桑那州图森市的一处住宅做估价。他们参观了这处住宅并拿到一套有关房子的资料。他们获得的都是相同信息，但有一个地方除外：其中一半人被告知房子标价 65900 美元，而给另一半人所报的标价为 83900 美元。

那些看到较低标价的经纪人给出的这座房子的平均估价为 67811 美元。相比之下，那些看到较高锚定价格的经纪人给出的房产平均估价为 75910 美元。两者的估价差幅为 11%，或 7000 多美元。鉴于他们都是训练有素的专业人士，这应该说是一个相当大的差异。实验结果表明，价值是一个很难把握的概念，它只在部分程度上基于客观事实。如果你的工作是提供专业化服务，那就不要幻想你的客户会冷静客观地衡量你带给他们的价值。你感知的部分价值源于“锚点”——你所设定的初始价格。

什么品牌利用过这种偏差？

戴比尔斯（De Beers）及其钻石珠宝的真实历史与其浪漫的品牌故事相去甚远，而它的营销战役的本质就是巧妙利用了锚定效应。在 20 世纪上半叶，西方消费者还没有购买价格昂贵的钻石婚戒的传统。根据花旗集团的记载，第二次世界大战前夕时，镶嵌有钻石的订婚戒指占婚戒总量的比例大约只有 10%。当时垄断钻石供应的戴比尔斯从创意机构艾耶父子广告公司（N. W. Ayer & Son）那里寻求帮助，以期扭转这一局面。

这家广告公司做了两个明智的决定。首先，他们赋予钻石这种地球上最坚硬耐用的石头一个全新定位，即永恒爱情的象征，并创造了那句著名的广告语——“钻石恒久远，一颗永流传”，从而为其注入了不朽的力量。其次，他们设置了较高的锚定价格，意在鼓励消费者不惜花费重金购买。他们暗示说，给一枚钻戒设定一个相当于一整月薪水的价位是适当的。20 世纪 80 年代，他们将美国的钻戒基准价抬高了一倍，还为此修改了广告语，譬如：“用两个月的薪水换来某种永恒之物，这个代价算高吗？”在日本，他们甚至更进一步向消费者暗示说，一枚钻戒值得付出三个月的工资。

我们完全有理由可以说，这是历史上最成功的广告之一。在 1939 到 1979 年间，仅美国国内的钻石销售额就从两千三百万美元增加到二十一亿美元。

3. 强调购买你的产品有时间限制

要有效运用这一偏差，一个简单方法就是宣称，消费者如不趁早购买，那可是“过了这个村，就没这个店了”。

对于品牌而言，这是一个非常成熟的策略，而它在那些注重限时打折销售策略的零售商手中更是被用得得心应手。不仅如此，品牌商在运用这一偏差时也变得日趋熟练和老到。欧卡多（Ocado）网上零售超市推出的闪购（flash sale）让顾客可以有机会在结账之前限时抢购，只要你不离开页面抢购活动就会一直持续。由于可以把握的时间窗口稍纵即逝，因此消费者会对半价豆子罐头之类的打折商品产生异乎寻常的兴趣。正如作家吉尔伯特·基思·切斯特顿[1]所说的："患失乃爱之真谛。"

锚定效应的受益者并非只有零售商。劳拉·麦克莱恩和我给300个消费者看了一张即将上映的电影的海报，然后询问他们周末去看这部电影的可能性有多大。半数受试者只看了那张海报，而另一半受试者不仅看了海报而且还被告知电影将在周末结束公映。那些知道电影公映时间有限的受试者去看这场电影的可能性要比那些不知情的受试者高36%。

这对于影院来说是一个很好的机遇：电影观众对于影片档期长短知之甚少，因此，影院只需要将影片结束的日期广而告之，便可以使最后几周的观影者数量得以提升。

供应稀缺的物品之所以具有吸引力，其中一个解释就是"损失厌恶"心理——人们对于损失的厌恶感要强于同等收益所带来的满足感。把沟通重点放在截止日期上便是利用了这一心理——它强调的是消费者面临着错失机遇的风险。

要让这种偏差发挥作用，品牌商不妨对广告文案稍加调整：与其宣传消费者所能得到的好处，倒不如着重说明，选择一成不变会

---

① 英国作家、诗人、记者、文学评论者和神学家，擅长诗歌和推理小说，代表作有《野骑士》《布朗神父探案集》系列等。

错失什么样的机遇。我与加布里埃尔·霍布德合作对 834 个受访者进行了调查，旨在厘清损失厌恶对于广告诉求有着怎样的影响。半数受试者被告知，如果他们转而选择一家新的能源供应商，便可节省 100 英镑的费用；而给另一半人的信息是，如果他们不做改变，那么肯定会损失 100 英镑。

第一种情形下声称可能会改变选择的受试者的人数比例为 7.4%，第二种情形下这一比例数上升至 10.7%——后者较前者增加了 45%。与前述的例子一样，强调潜在的损失可以让销售宣传主张更能够激发消费者的购买动机。

这些研究发现之所以引人关注，原因就在于大部分围绕价格的广告诉求都把能省多少钱作为沟通的重点。但是从另一方面说，营销工作者完全可以通过给优惠价格“改头换面”的方式来达到提升实际沟通效果的目的。他们应突出强调不接受所提供的优惠价格而引起的损失。

这种价格重构（re-framing）方法可以利用搜索引擎广告文案很方便地进行测试，且费用不会超过必要限度。

4. 公开说明供应短缺是需求旺盛所致

沃切尔实验的最后出现了一个令人意外的转折。有些受试者被告知，他们的罐子里只有两块曲奇，而这是因为曲奇出人意料地大受欢迎。在这一情形下，受试者给曲奇的评分是最高的，且愿意为曲奇支付 66 便士；而在参照情形中，受试者只愿意支付 46 便士。换言之，前者的心理价格较后者增加了 43%。

这个实验环节暗示，明确提及稀缺性的原因是品牌可资利用的一个绝佳策略。这种方法等于同时运用了两种偏差：社会认同偏差和稀缺性偏差。

但是，倘若稀缺性和我们在先前讨论过的所有偏差都可以产生如此强大的效力，那么把它们用在不明真相的消费者的身上是不是有悖伦理道德呢？这是个很好的问题。让我们在下文中对此进行讨论。

伦理标准

你跌跌撞撞地走到外边。你原本打算搭火车回家，但现在肯定已经赶不上了。

你扫了一眼马路，想要找辆出租车。但此时天空正飘着细雨，难得有车经过。你足足等了 5 分钟才招手拦下一辆车。你钻进车子，不一会儿便酣然入睡。车子在你的住所外突然来了个急停，刹车的惯性猛地将你惊醒。

你把手伸进衣服口袋翻找现金，却只找到一张皱巴巴的 5 英镑纸钞和几枚硬币，还是凑不够打车钱。无奈，你只好用信用卡支付。你笨手笨脚地在刷卡机上折腾了一番，最后机器提示要付小费。建议的小费金额为车费的 20%、25% 或 30%，或者你也可以选择增加你认为适当的费率。

尽管你心里没底，但还是选择了 25%。

选择中间选项的不止你一个。很多实验都证明，这是一个最大众化的选择。人人都有怕浪费和被别人说小气的心理，所以他们在进行选择时通常都会避免走极端，而这也就解释了中间选项为什么如此具有吸引力。

我无意探讨中间选项的魅力，而只想以此为例来阐述和探究“轻推”所涉及的道德标准问题。

人们对于这一课题的兴趣一直都在不断增加。谷歌全球创意团队 ZOO 的前任品牌策划总监拉泽·德萨米克（Lazar Dzamic）曾经写过一篇洋洋洒洒的文章，就不少批驳“轻推”理论的论点做了总结。德萨米克绝非唯一的批评者，但鉴于其观点得到一些业界人士的追随，并且与其他批评者的观点不谋而合，所以我将重点围绕他的观点谈一谈我个人的看法。

德萨米克批评“轻推”的观点大致可归为两方面。首先，他认为“轻推”的作用力过于强大：

倘若行为经济学的作用真像我们所宣称的那般强大——即它是相关各个部门、机构甚至全体代理商纷纷涌现出来的原因，那么它就必须在得到监管的前提下才可以用于商业目的。如果供应商无法证明，他们的产品或服务有益于消费者乃至整个社会而不是相反，那么以汽车、快餐或金融服务销售为代表的自由市场经济就是无本之木，“共好”[①]精神也就无从谈起。

其次就是，行为经济学缺少透明度：这些偏差共同构成了人性中普遍、非理性和带有缺陷的一面，对此，卡尼曼等人已经揭示得非常深刻清楚。人性的这一面让我们这些“神话创造者”（mythocrat）有机会从中谋取利益。但是，如果说这些认知偏差就是一种认知“盲目”的话，那么谁会有意利用别人的这一弱点牟利呢？

让我们对这两种批评意见一一加以辩驳。

德萨米克的第一个批评是说“轻推”的作用力太过强大，以至于它不可以由广告主来支配。但“强大”一词用在这里是否准确恰当呢？事实上，它会给人一种暗示，即“轻推”策略会对愚钝的公众产生催眠作用，诱骗他们去实施一连串特定行动。

尽管渴望获得这种“神通广大”的能力的广告人不在少数，但要说“轻推”作用强大就实属言过其实了。无论何时，贯穿于本书的各种偏差都不会支配任何人的思想，进而左右他们的行为。这些偏差的作用只是在于，让沟通有更多机会达到预期效果。“轻推”并非神奇魔法，它们不过是一种帮助我们理解大脑运作方式，进而提升广告效果的工具而已。

---

① “共好”为英文 Gung-ho 的音译，据说这个单词源自于中文“工合”，即工业合作社的简称，后在英文中被引申为同心协力、雄心壮志的意思。

如果我们承认“轻推”欺瞒不了消费者，那又何来怨言呢？难道还要抱怨说，沟通产生成效不成？只要某个产品的广告获得了允许，那么毫无疑问，你就再也没有理由否定它们的效果。

“助推小组”[①]的首席执行官戴维·哈尔彭说得在理：只要我们觉得，这种沟通的存在是适当且可以接受的，那么我们就会自然而然地寄希望于策划者或写作者，希望他们能够设法让沟通的内容变得行之有效和易于理解。

还有一个问题：如果令德萨米克反感的是强有力的沟通，那么他为何只拿行为经济学当靶子？为什么不对其他与行为经济学没有丝毫关联的伟大创意说“不”呢？这些创意包括：吉百利大猩猩、比较猫鼬网站或是118 118查询台。

为了公平起见，我们必须指明，他所担心的实际上并非作用力，而是不受监管约束的作用力。然而，他的担心纯属多余：行为定向广告是处在监管之下的。正如其他任何用于商业传播的信息都会受到监管一样，行为定向广告也是如此。英国广告标准局一直坚持说，所有的广告“都是合法、正当、诚实和真实的”。他们不会为行为定向广告“网开一面”。

缺乏透明度又是怎么一回事呢？

---

① 行为洞察力小组的非正式名称。

如果说德萨米克对行为科学提出的第一个反对理由无根无据，那么他所关切的第二个也就是缺乏透明度的问题又是怎样的？假如人们意识不到这些发生在自己或别人身上的偏差，那么这是否就意味着恶意操纵呢？

让我们再就这个论点做深入剖析。但首先必须搞清楚缺乏透明度的含义是什么。我想，只有两个批评意见貌似合理。其一，消费者只能接触到一系列经过挑选、有失偏颇的信息，所以他们会受到愚弄。其二，消费者并非百分之百完全受逻辑的支配，而“轻推”的吸引力正是作用于他们非理性的一面。

第一个观点批评很多“轻推”策略都只呈现数量有限的一系列选项，而这的确是事实。以出租车小费为例，无限种可能被细化为三个选项：车费的 20%、25% 或 30%。但要据此得出这种选择性有违道德的结论，那就是犯了凭空推断的错误。

事实上，每一条沟通信息都是带有选择性的。不妨设想一下，那辆出租车给了你每一个选项，那会是什么情形。小费费率为 1%、2%、3%，然后以此类推。可为什么到这一步就打住呢？要保证信息的全面和完整，那就应该给出比这还要多得多的选项：小费费率设为 1.0%、1.1%，如此这般直到你不胜厌烦。这样做只会把事情搞得越来越复杂，以致最终让人彻底陷入迷茫。

要把所有信息都加以呈现的想法十分荒唐可笑，而阿根廷作家豪尔赫·路易斯·博尔赫斯在其所写的短篇小说《论科学的精确性》中把这刻画得入木三分。他的小说讲的是某个帝国对于该国地图甚为不满，原因是它不够精确。直到有一天，发生了一件事——博尔赫斯这样写道：

制图同业公会突然萌生一个想法：绘制一张与帝国面积同样大小的地图，并要做到极致详细和精确。

当然，他们制作完这张地图后才发现，它根本就毫无意义，充其量不过是对现实的一种拙劣复制而已。若干年后，这张地图就在阳光下彻底腐朽了。

时至今日，在西部的沙漠中，那张支离破碎的地图的残迹已经成了动物和乞丐们的栖身之所。这片土地上无论东南西北，再也没有其他遗存下来的地理学印记了。

同理，无所不包、面面俱到的沟通也是徒劳无益的。任何一个广告或沟通信息都必然经过精心的挑选。一旦你开始挑选信息，那就不可能再保证信息的中立性。我们始终都无法逃避一个问题：任何一组事实都是要通过一个特定视角来加以阐述或解读的。正像罗里·萨瑟兰所言：

这一过程不可避免。评判“轻推”的利弊就好比是对电磁或万有引力道短论长——我们所能做的最多不过就是认识那些可以发挥作用的力量，并在深入理解它们的同时在公众中间普及这方面的意识。

批驳透明度的第二个立脚点是，沟通中所采用的不是客观逻辑而是说服技巧。事实的确如此，可那又怎么样呢?

两千多年前，亚里士多德把他给那些力图说服别人的读者的建议写成了一部书。这部名称为《雄辩的艺术》（*The Art of Rhetoric*）[①]的书总结出了有效说服他人的三大必要条件——喻理（Logos）、喻德（Ethos）和寓情（Pathos）。

喻理，即理性或逻辑的运用，尽管非常重要但却不能单独发挥作用。它必须得到寓情和喻德的补充，前者是基于发言者性格的一种个人魅力，而后者就是调动或诉诸情感。传达事实的方式要是枯燥无味，最终只会白费唇舌。

受众被情感诉求所打动，这可以解释为让他们感受到人性的温度，而不是去蒙蔽他们，使其变得盲目。

如果说，“轻推”正如修辞学或雄辩术一样，只不过是一种工具而已，那么真正重要的就是你想利用它达成什么结果。你是在兜售骗人的万金油？还是在卖有实际价值和内容的东西？如果是前者，

① 也有人译为《修辞学》或《修辞的艺术》。

那么无论你采用怎样的说服技巧，也终归不过是无理狡辩而已。

如何运用这种效应——“轻推”应着眼于长效

鉴于“轻推”策略可以适用于各种各样的情形，因此很难为它提炼出具有普遍性的一般规则。我所能想到的最好建议就是，运用“轻推”策略应着眼于长远。

绝大多数营销工作者都希望，消费者心甘情愿为他们的品牌溢价一次又一次地“埋单”。而要达到这个目的，运用“轻推”策略时就应避免过犹不及——不要让消费者觉得，他们未能从交易中获得公允价值。

在实践中这又意味着什么呢？

再回到那个出租车的例子。社会规范告诉我们，10% 是一个公平合理的小费费率标准。所以，引导人们支付两倍或三倍于此的小费的做法尽管可以带来短期收益，但是从长期看却构成了问题之源。它会令消费者深感不满。而那些恼怒的消费者不仅不再购买你的产品，而且还会说你这个品牌的坏话。换言之，这种赚快钱的办法是以牺牲掉你的品牌的长期健康为代价的。

我身边就有这样一个让我感到不快的真实例子——我曾用过的

某品牌沐浴露。该品牌商有意扩大了沐浴露瓶子开口的直径，也许他们想当然地认为，消费者不会认真掂掇沐浴露每次的用量。事实上，消费者已经养成了按固定次数快速挤压一定量的沐浴露的习惯。因此，扩大瓶口直径的结果就是，使用者挤出来的沐浴露远远多于正常需要的量。最初看起来，这也许是一个不错的策略：消费者提前用尽沐浴露使得这款沐浴露的销售量增加。然而，这一策略所产生的消极影响却随着时间的推移而递增，消费者逐渐意识到他们被算计了，于是便决定改用其他品牌。

任何从事营销工作的人都应该明白，有时必须牺牲短期收益，才能在最佳路线上走得长远。如果一个“轻推”策略无助于你的品牌长期健康，那么在采用它之前就要考虑再三了。

结 论

你是否还记得，我在本书导言和偏差二十四所对应的章节中提到过的凯蒂·吉诺维斯的故事？时年28岁的凯蒂惨遭谋杀，而现场的37（或38）个目击者却无一人出面阻止。这是一起让人不寒而栗的事件，不过它也带来了一些积极的东西。受吉诺维斯事件的启发，拉塔奈和达利着手对旁观者效应开展了深入的研究。不仅如此，该事件甚至促使当局迅速把“911”这个数字设为专用的报警电话号码。

但要是得知，这些重要结果事实上是建立在一个谎言之上，你可能会感到非常惊讶。1964年，温斯顿·莫斯利谋杀了吉诺维斯，这件事本身毋庸置疑。然而，引发《纽约时报》记者震怒的那种人性的冷漠却是被严重夸大了。

在谋杀事件发生将近50年后，《纽约邮报》公布了一份由凯文·库克[①]提供的证据，给最初的新闻报道蒙上了一层疑云。并非所有目击者都像原报道所说的那样无动于衷。事实上，一位叫罗伯特·莫

① 《凯蒂·吉诺维斯：谋杀、旁观者、改变美国的罪行》一书的作者。

泽尔的邻居目睹了莫斯利最初的攻击行为，他当时便从位于七层的自家窗户中探出身来喊道："离那个女孩远点。"经他这么一喊，攻击者匆忙跑开了，这让吉诺维斯得以择路而逃。莫泽尔以为事情到这里就结束了，于是便回到床上继续睡觉。不幸的是，莫斯利并未就此罢休，他一路跟踪身受重伤的吉诺维斯并再度发动攻击——这一次要了她的命。

另一位目击者,塞缪尔·霍夫曼报了警并告知警方说一名妇女"遭到了殴打，身体东倒西歪都已站不稳了"。然而，没有巡逻警车赶到。最后，还是另一个叫苏菲·法勒的邻居放心不下，跑下楼来到门厅，也就是最后的袭击发生的地点。考虑到法勒并不知道莫斯利此时是否已经逃遁而去，因此她的干预的确称得上是非凡的勇敢之举——更何况她是一个身高还不到1.5米的柔弱小女子。但遗憾的是，当她来到现场时，吉诺维斯已是奄奄一息，而她所能做的就是对这个即将逝去的人给予安慰。

这三个目击者各自的举动表明，实际情况远比《纽约时报》含沙射影的报道内容要复杂得多。

有关凯蒂·吉诺维斯案件的最新发现很适合用作本书的结尾，因为这其中包含着严重的教训，它们可以帮助读者对于如何运用我所概括的这些偏差形成更为理性和全面的认识。

这个故事告诉我们，应该对我们听到的各种解释抱有合理怀疑的态度。只要传闻中涉及对人的行为的解读，我们就必须小心谨慎地加以对待。我们总是倾向于误把某个故事中引人入胜和令人兴奋的情节当作事实真相。

《纽约时报》的那篇文章也许能够抓人眼球，但它会让读者产生误解。拉塔奈和达利所做的缜密严谨的科学实验从一个侧面揭示了，人类行为的真相与故事之间存在更多微妙的差异。我们在做广告时最好牢记这点，并要把重点放在对于行为的可信、循证（evidence-based）的诠释上——更多地依据心理学或行为学而不是吸引人的传闻故事。

最后，这个故事提醒我们，在不加批判地接受他人主张时应警惕伴随而来的危险。无论某个故事听起来多么令人信服，它并不一定就是事实真相。有鉴于此，我们就需要让行为科学的最大优势之一得以发挥。对于我在本书中着墨最多的那些原则，读者不应该单纯地信以为真。相反，大家可以设计实验对这些原则进行验证，以确保它们能够为你的品牌效力。当今这个数字化时代提供了诸多可能，让我们得以通过较以往更廉价、更便利的方式进行简单的实验。

在我看来，行为科学就是理解人类行为的“不二法门”。

但请先别把我的话当成信条，你应该亲自去实际验证一下。

参考文献

导言

‘37 Who Saw Murder Didn’t Call the Police’, New York Times, 27 March 1964

‘Effect of colour of drugs: systematic review of perceived effect of drugs and of their effectiveness’, by Anton J M de Craen, Pieter J Roos, A Leonard de Vries, Jos Kleijnen [British Medical Journal, Vol. 313; 21 Dec 1996]

How Brands Grow by Byron Sharp [2010]

The Wiki Man by Rory Sutherland [2011]

偏差一——情境的力量

‘From Jerusalem to Jericho’, by John Darley and Daniel Batson [Journal of Personality and Social Psychology, Vol. 27, No. 1, pp. 100 – 108, 1973]

Marketers Are from Mars, Consumers Are from New Jersey by Bob

Hoffman [2015]

'Social Roles, Social Control, and Biases in Social-Perception Processes', by Lee Ross, Teresa Amabile, and Julia Steinmetz [Journal of Personality and Social Psychology, Vol. 35, No. 7, pp. 485 - 494, 1977]

偏差二——社会认同

Influence: Science and Practice by Robert Cialdini [1984]

Behind the Scenes in Advertising: More Bull More (Mark III) [2003]

偏差三——反面社会认同

'Crafting Normative Messages to Protect the Environment', by Robert Cialdini [Current Directions in Psychological Science, Vol. 12, No. 4, pp. 105 - 109, 2003]

Inside the Nudge Unit: How Small Changes Can Make a Big Difference by David Halpern [2015]

'Perils of Perception: A Fourteen Country Study' by IPSOS MORI [2014]

偏差四——区别性

'Aging and the von Restorff Isolation Effect in Short/Term Memory', by Richard Cimbalo and Lois Brink [The Journal of General

Psychology, Vol. 106, No. 1, pp. 69 - 76, 1982]

偏差五——习惯

'Habits in Everyday Life: Thought, Emotion, and Action', by Wendy Wood, Jeffrey Quinn and Deborah Kashy [Journal of Personality and Social Psychology, Vol. 83, No. 6, pp. 1281 - 1297, 2002]

'Sainsbury's - How an idea helped make Sainsbury's great again', by Tom Roach, Craig Mawdsley and Jane Dorsett [IPA Effectiveness Awards 2008]

'People Search for Meaning When They Approach a New Decade in Chronological Age', by Adam Alter and Hal Hershfield [Proceedings of the National Academy of Sciences of the United States of America, Vol. 111, No. 48, pp. 17066 - 17070, 2014]

Inside the Nudge Unit: How Small Changes Can Make a Big Difference by David Halpern [2015]

偏差六——付款

'Always Leave Home Without It: A Further Investigation of the Credit-Card Effect on Willingness to Pay', by Drazen Prelec and Duncan Simester [Marketing Letters, Vol. 12, No. 1, pp. 5 - 12, 2001]

'$ or Dollars: Effects of Menu-Price Formats on Restaurant

Checks', by Sybil Yang, Sheryl Kimes and Mauro Sessarego [Cornell Hospitality Report, Vol. 9, No. 8, pp. 6 - 11, 2009]

' "The Best Price You'll Ever Get" : The 2005 Employee Discount Pricing Promotions in the U.S. Automobile Industry', by Meghan Busse, Duncan Simester and Florian Zettelmeyer [Marketing Science, Vol. 29, No. 2, pp. 268 - 290, 2008]

偏差七——口头数据的危险性

Dataclysm: Who We Are When We Think No-one's Looking by Christian Rudder [2014]

'The Influence of In-store Music on Wine Selections', by Adrian North, David Hargreaves and Jennifer Kendrick [Journal of Applied Psychology, Vol. 84, No. 2, pp. 271 - 276, 1999]

The Righteous Mind: Why Good People are Divided by Politics and Religion by Jonathan Haidt [2012]

'The National Survey of Sexual Attitudes and Lifestyles', UCL, London School of Tropical Medicine and Hygiene, and National Research Centre [2010 - 2012]

Everybody Lies: Big Data, New Data, and What the Internet Can Tell Us About Who We Really Are by Seth Stephens-Davidowitz [2017]

偏差八——心境

'In the Mood for Advertising', by Fred Bronner, Jasper Bronner and John Faasse [International Journal of Advertising, Vol. 26, No. 3, 2007]

'Inferring Negative Emotion from Mouse Cursor Movements', by Martin Hibbeln, Jeffrey Jenkins, Christoph Schneider, Joseph S. Valacich, and Markus Weinmann [MIS Quarterly, Vol. 41, No.1, pp. 1 - 21, 2017]

'Consumers' Response to Commercials: When the Energy Level in the Commercial Conflicts with the Media Context', by Nancy Puccinelli, Keith Wilcox, and Dhruv Grewal [Journal of Marketing, Vol. 79, No. 2, pp. 1 - 18, 2015]

偏差九——价格相对论

The Wiki Man by Rory Sutherland [2011]

'Context-Dependent Preferences', by Amos Tversky and Itamar Simonson [Management Science, Vol. 39, No. 10, pp. 1179 - 1189, 1993]

偏差十——首因效应

'Forming Impressions of Personality', by Solomon Asch [Journal of Abnormal Psychology, Vol. 41, pp. 258 - 290, 1946]

偏差十一——产品预期

Mindless Eating by Brian Wansink [2006]

偏差十二——情绪偏差

'On resistance to persuasive communications', by Leon Festinger and Nathan Maccoby [The Journal of Abnormal and Social Psychology, Vol. 68, No. 4, pp. 359 - 366, 1964]

Seducing the Subconscious: The Psychology of Emotional Influence in Advertising by Robert Heath [2012]

'They Saw a Game: A Case Study', by Albert Hastorf and Hadley Cantril [Journal of Abnormal Psychology, Vol. 49, No. 1, pp. 129 - 134, 1954]

偏差十三——过度自信

'Unskilled and Unaware of It: How Difficulties in Recognizing One's Own Incompetence Lead to Inflated Self-Assessments', by Justin Kruger and David Dunning [Journal of Personality and Social Psychology, Vol. 77, No. 6, pp. 1121 - 1134, 1999]

'Are We All Less Risky and More Skillful Than Our Fellow Drivers?', by Ola Svenson [Acta Psychologica, Vol. 47, pp. 143 - 148, 1981]

The Wiki Man by Rory Sutherland [2011]

Psychology of Intelligence Analysis by Richards Heuer [1999]

偏差十四——期望

‘Value and Need as Organizing Factors in Perception’, by Jerome Bruner and Cecile Goodman [Journal of Abnormal and Social Psychology, Vol. 42, pp. 33 – 44, 1947]

Grow: How Ideals Power Growth and Profit at the World’s Greatest Companies by Jim Stengel and Marc Cashman [2011]

The Halo Effect by Phil Rosenzweig [2007]

偏差十五——媒介

weirderthanyouthink.wordpress.com/tag/daniel-dennett

‘Evidence for a neural correlate of a framing effect: bias-specific activity in the ventromedial prefrontal cortex during credibility judgments’, by M. Deppe, W. Schwindt, J. Krämer, H. Kugel, H. Plassmann, P. Kenning, E. Ringelstein, [Brain Research Bulletin, Vol. 67, No. 5, pp. 413 – 421, 2005]

Behind the Scenes in Advertising: More Bull More (Mark III) [2003]

‘Is advertising rational?’, by Evan Davis, John Kay, and Jonathan Star [London Business School Review, Vol. 2, No. 3, pp. 1 – 23, 1991]

Marketers Are from Mars, Consumers Are from New Jersey by Bob Hoffman [2015]

偏差十六——知识陷阱

Made to Stick: Why Some Ideas Survive and Others Die by Chip Heath and Dan Heath [2008]

The Wiki Man by Rory Sutherland [2011]

偏差十七——古德哈特定律

Long and Short of It: Balancing Short- and Long-Term Marketing Strategies by Les Binet and Peter Field [2012]

Management in 10 Words by Terry Leahy [2012]

Leading by Alex Ferguson and Michael Moritz [2015]

偏差十八——仰八脚效应

Social Animal by Elliot Aronson [1972]

The Wasp Factory by Iain Banks [1984]

偏差十九——“赢者诅咒”

The Winner’s Curse: Paradoxes and Anomalies of Economic Life by Richard Thaler [1991]

Originals: How Non-Conformists Move the World by Adam Grant [2016]

'Harnessing naturally occurring data to measure the response of spending to income', by Michael Gelman, Shachar Kariv, Matthew Shapiro, Dan Silverman, Steven Tadelis [Science, Vol. 345, No. 6193, pp. 212 - 215, 2014]

'The Psychology of Windfall Gains', by Hal Arkes, Cynthia Joyner, Mark Pezzo, Jane Gradwohl Nash, Karen Siegel-Jacobs, Eric Stone Eric [Organizational Behaviour and Human Decision Processes, Vol. 59, No. 3, pp. 331 - 347, 1994]

On the Fungibility of Spending and Earnings - Evidence from Rural China and Tanzania by Luc Christiaensen and Lei Pan [2012]

偏差二十——群体力量

'Humour in Television Advertising: The Effects of Repetition and Social Setting', by Yong Zhang and George Zinkhan [Advances In Consumer Research, Vol. 18, pp. 813 - 818, 1991]

'Feeling More Together: Group Attention Intensifies Emotion', by Garriy Shteynberg, Jacob Hirsh, Evan Apfelbaum, Jeff Larsen, Adam Galinsky, and Neal Roese [Emotion, Vol. 14, No. 6, pp. 1102 - 1114, 2014]

偏差二十一——韦伯伦商品

'Commercial Features of Placebo and Therapeutic Efficacy', by Rebecca Waber, Baba Shiv, Ziv Carmon; Dan Ariely [Journal of the American Medical Association, Vol. 299, No.9, pp. 1016 - 1017, 2008]

偏差二十二——可复制性危机

'Why Susie Sells Seashells by the Seashore: Implicit Egotism and Major Life Decisions', by Brett Pelham, Matthew Mirenberg, and John Jones [Journal of Personality and Social Psychology, Vol. 82, No. 4, pp. 469 - 487, 2002]

'Rich the banker? What's not in a Name', by Tim Harford [2016], www.timharford.com/2016/11/rich-the-banker-whats-not-in-a-name

'Estimating the reproducibility of psychological science', by Brian Nosek et al. [Science, Vol. 349, No. 6251, 2015]

'Comment on "Estimating the reproducibility of psychological science"', by Daniel Gilbert, Gary King, Stephen Pettigrew and Timothy Wilson [Science, Vol. 351, Issue 6277, p. 1037, 2016]

'Meta-assessment of bias in science', by Daniele Fanelli, Rodrigo Costats, and John Ioannidis [Proceedings of the National Academy of Sciences, Vol. 114, No. 14, pp. 3714 - 3719, 2017]

'Evaluating replicability of laboratory experiments in economics', by Colin F. Camerer et al. [Science, Vol. 351, No. 6280, pp. 1433 - 1436, 2016]

偏差二十三——偏差的多变性

Inside the Nudge Unit: How Small Changes Can Make a Big Difference by David Halpern [2015]

'Fear and Loving in Las Vegas: Evolution, Emotion, and Persuasion', by Vladas Griskevicius, Noah Goldstein, Chad R. Mortensen, Jill Sundie, Robert Cialdini and Douglas Kenrick [Journal of Market Research, Vol. 46, No. 3, pp. 384 - 395, 2009]

偏差二十四——鸡尾酒会效应

The shocking history of advertising! by E. S. Turner [1953]

'Bystander Intervention in Emergencies: Diffusion of Responsibility', by John Darley and Bibb Latané [Journal of Personality and Social Psychology, Vol. 8, No. 4, pp. 377 - 383, 1968]

Creative Mischief by Dave Trott [2009]

Ugly Is Only Skin-Deep: The Story of the Ads That Changed the World by Dominik Imseng [2016]

偏差二十五——稀缺性

'Effects of Supply and Demand on Ratings of Object Value', by

Stephen Worchel, Jerry Lee and Akanbi Adewole [Journal of Personality and Social Psychology, Vol. 32, No. 5, pp. 906 - 914, 1975]

Mindless Eating by Brian Wansink [2006]

Thinking, Fast and Slow by Daniel Kahneman [2011]

Why Smart People Make Big Money Mistakes and How to Correct Them: Lessons From The New Science of Behavioural Economics by Gary Belsky and Thomas Gilovich [1999]

伦理标准

'Should Behavioural Economics in marketing be regulated - or hyped-down?', by Lazar Dzamic, www.bobcm.net/2017/01/21/should behavioural-economics-in-marketing-be-regulated-or-hyped-down Inside the Nudge Unit: How Small Changes Can Make a Big Difference by David Halpern [2015], 'The Dishonesty of Honest People: A Theory of Self-Concept Maintenance', by Nina Mazar, On Amir, Dan Ariely [Journal of Marketing Research, Vol. 45, No. 6, pp.633 - 644, 2008]. SSRN ID: 979648

结论

'Debunking the myth of Kitty Genovese', New York Post, 16 February 2014

延伸阅读

The Social Animal [Elliot Aronson, 1972]

首先，要确认自己买对了书——有两本心理学著作都使用了该书名，作者分别为戴维·布鲁克斯（和埃利奥特·阿伦森），因此可能会引起混淆。阿伦森的书已经绝版，目前只能在亚马逊网站上买到二手书，价格为 40 英镑。但如果你不着急的话，不妨等上一段时间，便能以 20 英镑价格入手一本。

阿伦森本身的研究领域包括认知失调和出丑效应（仰八脚效应），而这本书涵盖的偏差种类则要广泛得多。

Decoded: The Science Behind Why We Buy [Phil Barden, 2013]

大多数有关行为科学的图书都是围绕特定主题泛泛而谈，且最终还是要靠读者自己去揣摩，如何能将理论应用于营销实践。《解码：我们因何而购买背后的科学》是最先弥合这一鸿沟的著作之一。它不仅介绍了形形色色的实验，还就如何将它们运用到实际的营销工作中给出了中肯的建议。

Influence [Robert Cialdini, 1984]

此书是社会心理学的经典读本之一。亚利桑那州立大学心理学教授罗伯特·西奥迪尼概括出了影响人类行为的六种偏差，分别为：互惠、承诺、社会认同、权威、好感和稀缺性。

The Art of Thinking Clearly [Rolf Dobelli, 2013]

多贝里的这本书分为99章，每一章都专门介绍一种偏差。由于每章的篇幅仅限于三至四页，所以读起来会特别轻松。就权威性而言，此书虽不及这里所列出的其他书籍，但其深度上的不足可以用丰富的信息量来弥补。多贝里的另一长处是，他有一双发掘好故事的慧眼。

Copy, Copy, Copy: How to Do Smarter Marketing by Using Other People’s Ideas [Mark Earls, 2015]

我读过的大部分书都涵盖了类型广泛的各种偏差，而这本书只关注一种偏差：社会认同偏差。它揭示了一个事实，即人们并非孤立地做出决策，而同侪的想法和态度会对其决策产生强烈影响。

这本书的优点在于，从中总能找到有关品牌如何利用客户社会属性的实际建议和大量范例。

Inside the Nudge Unit [David Halpern, 2015]

这是由政府行为洞察力小组首席执行官撰写的一部佳作。组建行为洞察力小组的目的就在于将行为科学有效运用到政府政策中。本书归纳出了四个广义的方法：大道至简、具有吸引力、融入社会和及时性。书中探讨的主题既适用于商业广告也同样适用于政府宣传。

很多关于轻推和偏差的图书都只是对学术实验的结果进行阐述而已。本书之所以独树一帜，是因为它提供了很多政府相关部门开展过的现实场景实验的细节。

Consumer.ology: The Truth About Consumers and the Psychology of Shopping [Philip Graves, 2010]

大卫·奥格威有句名言："消费者所想非其所感，所言非其所想，所做非其所言。"格雷夫斯不仅成功证明此言非虚，而且还概述了其对于市场研究的影响。

Thinking, Fast and Slow [Daniel Kahneman, 2011]

丹尼尔·卡内曼凭借他与阿莫斯·特沃斯基在行为经济学领域开展的共同研究荣膺2002年度诺贝尔经济学奖。此书可以让读者对他本人的重要思想有一个总体的了解。

与我所列的其他书目相比，这本书读起来相对会比较吃力一些。威斯康星大学麦迪逊分校的乔丹·艾伦伯格教授对获取自亚马逊 Kindle 的数据做过分析，目的是对普通读者平均每本书的阅读量进行评估。通过查看最高亮显示段落在整本书中的分布方式，他可以计算出读者在何时停止了阅读。根据他的估算结果，从头到尾阅读了《思考，快与慢》的读者所占比例仅为6.8%。这个数字令人遗憾，因为这本书绝对值得一读且有必要坚持读完。

Priceless: The Hidden Psychology of Value [William Poundstone, 2010]

《无价：洞悉大众心理玩转价格游戏》一书关注的是价值的心理学。这一独特的研究视角的优势在于，它探索的恰恰是被其他著作忽略的崭新领域。我个人最喜欢的部分是，他围绕餐厅如何设计菜单以降低客人对价格的敏感度所做的探讨。

如果你有意对定价课题加以深钻，我可以给你推荐另一本书：利·考德威尔所写的《价格游戏：看麦琪如何巧用价格来刺激需求、增加利润、提升消费者满意度》。

The Person and the Situation [Lee Ross and Richard Nisbett, 1991]

马尔科姆·格拉德威尔[①]曾承认说："从某种程度上说，我所有的书所蕴含的智慧都脱胎于《人与情境》"。还有什么推荐能比这更有说服力呢？

Behavioural Insights Team Reports

《行为洞察力小组报告》汇集了行为洞察力小组所做过的一系列政府行为实验。在他们的年度报告中，有关行为学原则的实际应用和最终成效的例子比比皆是。

这些报告的一个独特之处在于，它们对见效和不见效的实验都做了探讨；而另一个优点则是，对一项稳健性实验所需具备的要素进行了深入剖析。

2015—2016 年度的报告可免费下载，网址链接：www.behaviouralinsights.co.uk/publications/the-behavioural-insights-teams-update-report-2015-16。

① 《纽约客》杂志特约撰稿人、畅销书作者和演讲家，至今出版过 4 本图书，均入列《纽约时报》畅销书榜。

The Wiki Man [Rory Sutherland, 2011]

这也许是我最喜欢的有关行为科学的书，而且也是唯一一本我读了三遍的书。同时，它也是内容最有趣的，没有之一。

相当一部分广告实践都可以很容易地从行为科学角度得到解释。这本书的精彩之处就在于，萨瑟兰选取的同样是那些人们耳熟能详的偏差，但运用它们的方式却是独一无二的。

萨瑟兰还为《观察家》杂志撰写博客，博客内容每两周更新一次。表面上看，这是一个技术类专栏，但它往往也涵盖行为科学。如果你喜欢看视频更甚于读文字，那么可以看一看他的 TED 演讲视频，不妨先从“广告人的人生课”看起。

Irrationality [Stuart Sutherland, 1992]

假如我必须且只能推荐一本纯粹意义的心理学书，那就非这本莫属。萨塞克斯大学实验心理学教授萨瑟兰写成此书的时间比《助推》早了整整 16 年。

由于某种未知原因，此书在 20 世纪初便已绝版。而在再次付梓之前，二手版本的《非理性》受到了读者的热捧，以至于它的成交价一度被炒到了 100 英镑。这是一本涉及内容非常广泛的书，其中涵盖了形形色色的一系列偏差。无论你做的是什么创意简报，你都可以在书中找到相关的实验用以参考。最重要的是，这是一本让人读起来津津有味的书。

Mindless Eating: Why We Eat More Than We Think [Brian Wansink, 2006]

心理学书籍可能刚开始读起来让人有种新鲜感，但过一段时间便会觉得有点重复乏味。读者需要不厌其烦地阅读大量相似的实验过程，才能找到一个让人耳目一新的实验。

然而，这本由康奈尔大学心理学家文森克撰写的书却截然不同于同类著作——它将重点放在一个特定领域，即食品心理学上。本书的另一个可圈可点之处是，文森克为证明其假设而在其实验中展现出的创造力。

致　谢

写作本书有诸多方面的乐趣，其中之一就是有幸采访到一批堪称经验丰富、知识渊博的广告业内人士。他们当中包括罗里·萨瑟兰、维克·波金霍恩、伊恩·莱斯利、露西·詹姆森、马克·厄尔斯、查尔斯·瓦兰斯、利·考德威尔和欧文·西尔维斯。他们的洞见可谓无价之宝。

戴夫·特罗特更是不吝时间地旁征博引，而那些名人名言对帮助我理解本书论及的各种偏差在广告中的应用大有裨益。

本书中的很多实验都是数年之功的结晶。如果没有众多人付出的艰辛劳动和高超技能，这些实验根本无从谈起。特别值得感谢的人有：珍妮·里德尔、克莱尔·林福德、瑞贝卡·斯特朗和安娜·坎德萨米。

哈里曼书屋出版社的斯蒂芬·艾克特的编辑工作为本书增色不少，他让整本书结构更加严谨，逻辑更为顺畅。如果没有他的建议——把重点放在偏差的应用上，这本书就会变得黯然失色。

最后，我要感谢我的妻子简，还有我的两个孩子汤姆和安娜。简对我几篇初稿的行文风格和内容做了大刀阔斧的改进；而孩子们则总是提醒我要做到言简意赅、去繁就简。他们的建议给了我很大启迪——这不仅适用于写作一部书，对于广告创意来说也不失为金玉良言。